JN085374

システム開発を成功させる

IT契約の実務

(株)NTTデータ 編

中央経済社

はじめに

　突然ですが，あなたは，システム開発に関する契約あるいはシステム開発そのものを十分に理解できていますか？　こう問われて，自信を持って YES と答えられる読者はそう多くないでしょうし，おそらく，だからこそ本書を手に取っていただいたものと思います。

　事実，企業法務担当者や弁護士から「システム開発が理解できない」「システム開発の契約は内容が難しい」という声をよく聞きます。それどころか，「システム開発」という言葉を聞いただけで「難しい」「とっつきにくい」というイメージを持って拒否反応を示してしまう方もいるのではないでしょうか。

執筆の背景

　本書は，株式会社エヌ・ティ・ティ・データ（NTT データ）の法務室に勤務するメンバが，システム開発を行う事業者（システムベンダ）の法務担当者の目線から，システム開発や関連する契約について，読者の理解を深めることを目指して執筆しました。

　紹介が遅れましたが，NTT データは，システム開発をはじめさまざまな IT 関連ビジネスを展開する NTT グループの企業の1つです。連結売上高は約2兆2,600億円，連結従業員数は約13万3,000人（いずれも2019年度末時点）で，国内では公共分野（官公庁，自治体，学校など），金融分野（銀行，決済インフラなど），法人分野（民間企業）それぞれで幅広いお客様の事業に貢献しています。たとえば，銀行で預貯金の引き出しや振り込みが実施できる仕組みや，小売店でクレジットカードによる代金支払ができる仕組みなどを開発・提供しており，身近な場所でも実は NTT データのサービスが利用されています。

　その NTT データにおいて，我々法務室のメンバは，多くの企業の法務組織と同様に主要業務の1つとして契約書のチェックを実施しています。当然，システム開発に関する契約も数多く確認することになりますが，その際，システムベンダにシステム開発を委託する事業者等（ユーザ）との交渉を担当する営業担当者から，「当社の契約書雛形を提示したところ『大幅に修正された案を提

示された』，『内容が理解できないと言われユーザの請負契約書雛形を利用するよう求められた』」とのコメントを受けるケースが多く発生しています。

　しかし，NTT データの契約書雛形は，システムベンダとしてシステム開発の実態を踏まえて作成しています。システム開発では，他の業務委託に比べて，ユーザ側の発注後における深い関与が求められることから，その関与に関する具体的なルールを規定し，ユーザとシステムベンダで認識を統一することによって，円滑に開発プロジェクトを進めるための一助とすることを意図しているものです。この点を十分に理解されないままに契約条件の変更を求められ，その結果（もちろん原因はこれだけに限られませんが），プロジェクトが失敗してしまうケースを見るたびに，非常に残念な思いを抱いています。

　そのような失敗を避けるための1つの手段として，プロジェクトの成功率を少しでも上げるために，ユーザに，中でもこれまでキーパーソンだと認識されていなかったであろう法務関係者に，システム開発や関連する契約の理解を深めてもらいたい，という思いが本書執筆の動機です。主な読者層としては，ユーザの法務部門や発注部門に所属する方，システム開発の契約をチェックする機会の多い弁護士等ですが，システムベンダ側の関係者やフリーランスで開発業務を受託する個人事業主の方などにもお役に立てるものと思います。

　前述のとおり，中にはシステム開発に拒否反応を示してしまう読者も想定されるため，本書では，わかりやすさを最優先して極力かみ砕いた表現を用いています。おそらく，類似の説明を試みた文献は他にないのではないかと思いますので，読み物感覚でお付き合いください。

本書の構成
　本書は読者の利便性を考慮した結果，以下の2部構成としています。
　第Ⅰ部は，システム開発そのもの－具体的には，システム開発プロセスやユーザとシステムベンダの役割などについて可能な限りかみ砕き説明します。読者がイメージしやすいよう，企業等に勤める多くの方が日常的に使用しているであろう「勤怠管理システム」を例として用いています。また，訴訟に至らないまでも，ユーザとシステムベンダとの間で見解の違いが生じたトラブル事例も具体的に紹介しており，トラブルにつながりやすいポイントもつかめるように

しています。なお，理解の容易さを重視していることから，完全な正確性を担保できていない部分もあるかもしれませんがご容赦ください。

　第II部は，システム開発や関連する契約書の内容を説明しています。読者がシステム開発の契約をチェックする際に，盛り込むべき規定やシステムベンダの雛形に規定されている条項の意味等に対する理解を深めて，より生産的な指摘や修正ができるための説明を心掛けています。契約をチェックする際のガイドとしたい，という読者は第II部のみを参照しても活用できる内容としていますが，契約チェックに際しては，システム開発とは誰が何をどう進めるものかを理解し，具体的なイメージを持ちながらチェックしたほうが的確な指摘ができるでしょうから，第I部もご一読いただくことをお勧めします。

　また，本書の大きな特徴として，NTTデータの契約書雛形を用いてシステム開発の契約を解説しています。おそらく，一企業が自社の契約書雛形を一般に公開して解説するような書籍は少ないのではないでしょうか。ある意味では手の内を明かすことにもなり，自らの首を絞めかねない行為ではありますが，読者にもシステムベンダの考えを理解していただき，その結果としてユーザとシステムベンダ間で建設的な交渉ができる状況が生まれるなら，社会全体としてはプラスの効果が生まれるものと期待しています。

本書の留意点

　本書ではシステムベンダ側の視点に偏らないよう公平性を意識してはいるものの，その偏りを完全には排除しきれないため，読者にはシステムベンダ寄りの内容だと感じる部分があるかもしれません。当然ながら，本書に記載された内容がすべて正解ではありませんので，1つの参考として，読者の考えを形成する材料にしていただけると幸いです。

　また，NTTデータが手掛けるシステム開発は比較的大規模なものが多いため，本書はこのような大規模システムを想定して記載されている点についてはお含み置きください。

目　　次

第II部　サンプル契約書（条文解説） 　147

1　システム開発基本契約　149

第 I 部

システム開発の流れと契約

　第 I 部では，システム開発に関してよく用いられる用語，システム開発の流れ，その中で生じる法的論点や想定されるトラブル事例について解説します。

第1章
システム開発とは何か

1　システムとは何か

　システムと聞いて何を想像するでしょうか。たとえば，システムキッチン，エコシステム，社会経済システムなど，日常生活のさまざまな場面で使用されていますが，本書が対象とするシステム開発という文脈におけるシステムは，情報システム（またはコンピュータシステム）を意味します。情報システムの定義はさまざまな議論が行われており，中にはコンピュータの存在を前提としないものもありますが，一般的には，企業等において，コンピュータやその周辺機器，通信ネットワーク，ソフトウェア等を使用してさまざまな業務上の処理を行うものを指すとされています[1]。

　この定義からも，システム開発で対象とするシステムが，業務上の処理を行うためにさまざまな要素を複合的に組み合わせた集合体であることがわかります。システムベンダは，ユーザが有する業務上の課題を解決するための実現方法を，費用や開発に要する期間等さまざまな観点から検討して，各要素を適切に組み合わせながらシステムを開発していきます。

　本節では，システムを理解するために，それぞれの構成要素について概観していきます。

1　総務省「令和元年版情報通信白書」29頁以下
https://www.soumu.go.jp/johotsusintokei/whitepaper/r01.html

1．1　ソフトウェア

　まず，システムを構成する要素として代表的なソフトウェアを概観します。ソフトウェアとは，コンピュータを動かすためのプログラムやプログラムが扱うデータの総称です。ソフトウェアと対比されるハードウェアが物理的実体として見えるのに対して，ソフトウェア自体は物理的実体として見えないものであり，なかなかイメージを持ちにくいため，もう少し具体的に見ていきます。

⑴　ソフトウェアの種類

　ソフトウェアは，その機能面に着目して，大きく2種類に分けられます（**図表1−1**）。1つは，オペレーティングシステム（OS：Operating System）または基本ソフトウェアと呼ばれる，ハードウェアの制御や基本的な操作・運用に関わるソフトウェアです。パソコンに搭載されている Windows や macOS，スマートフォンに搭載されている Android や iOS などはその典型例です。もう1つは，アプリケーションソフトウェア（アプリ）または応用ソフトウェアと

図表1−1　ソフトウェア・OS・ハードウェアなどの関係

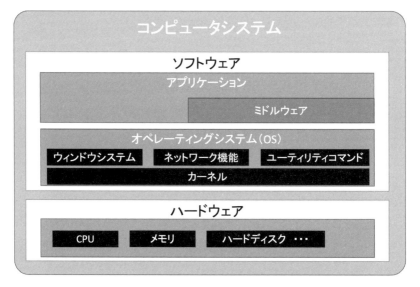

呼ばれる，特定の機能や作業を行うために使用されるソフトウェアで，Word や Excel などがその代表例です。

　このほか，ミドルウェアと呼ばれる，OS とアプリとの中間に位置するソフトウェアもあり，特定の分野に属するアプリに対して，その分野に共通する機能や処理を提供する役割を果たします。ミドルウェアの例としては，インターネットでホームページの作成や閲覧などを行う際に利用されている Web サーバが挙げられ，中でも Apache HTTP Server が有名です。

(2)　ソフトウェアと著作権

　ソフトウェアはプログラムの積み重ねにより作られますが，ソフトウェアを用いる際に忘れてはいけないのが著作権との関係です。

　著作権法では，著作物の例示として，「プログラムの著作物」が挙げられており（著作権法10条 1 項 9 号），「プログラム」は「電子計算機を機能させて一の結果を得ることができるようにこれに対する指令を組み合わせたものとして表現したもの」と定義されています（著作権法 2 条 1 項10号の 2 ）。ソフトウェアそのものは無体物として所有権の対象とはならないものの（民法85条），著作物としての要件を充足すれば，プログラムの集合体として著作権法の保護を受けます。具体的には，著作権法第21条から第28条に列挙される権利を原則として著作権者が独占します。

　なお，この著作権による保護は，著作物を作成するために用いるプログラム言語（プログラムを表現する手段としての文字その他の記号およびその体系），規約（特定のプログラムにおけるプログラム言語の用法についての特別の約束）および解法（プログラムにおける電子計算機に対する指令の組合せの方法）には及ばないものとされています（著作権法10条 3 項）。

　また，著作権を放棄したソフトウェアをパブリックドメインソフトウェアと呼びますが，一見自由に利用できるように思われるソフトウェアであっても，多くのソフトウェアは何らかの形で著作権が留保されているのが通常であり，パブリックドメインソフトウェアはそれほど多くありません。

(3)　ソフトウェアとライセンス

　ソフトウェアの多くはユーザによる利用を目的に作成されますが，ユーザが著作権者の著作物を利用するためには，原則として著作権者の許諾が必要になります。そこで，著作権者が著作物の使用条件を示してユーザが利用できるようにするための使用許諾またはライセンス付与がソフトウェア業界では広く行われており，この際に用いられるのが使用許諾契約やライセンス契約等です。

　一般的な契約書のように，権利者（ライセンサー）とユーザ（ライセンシー）双方が記名押印する場合もあれば，ライセンサーがあらかじめ用意した画一的な使用条件に対する同意ボタンの押下や商品の開封など，ライセンシー側の行為をもって契約を成立させる，クリックオン契約やシュリンクラップ契約と呼ばれる形態も存在します。後者は契約の成立に関する論点もありますが詳細は割愛します。

　ライセンシーは使用条件を遵守した形でソフトウェアを使用する必要がありますが，ソフトウェアを普及させる目的で使用条件を緩やかに定めて，自由な複製等が許されるソフトウェアも現在では一般的になってきています。その代表例として，ソースコードが入手可能であり，誰でも自由に複製や改変，配布等ができる条件で提供されているオープンソースソフトウェア（OSS）が挙げられます。（詳細は第2章第3節で後述します）また，OSSと似たものとして，誰でも自由にソフトウェアの実行，ソースコードの改変や配布を行うことができる条件で提供されているフリーソフトウェアがあります。両者は似ている一方で，厳密には区別するべきという意見もあり，詳細はFree Software Foundationが公表する定義も参照してください。なお，使用対価の支払を要しないソフトウェアのことをフリーソフトウェアと表現する場合もありますが，前述の概念があるため，無料のソフトウェアをフリーソフトと呼び，両者を区別することが多いです。

TIPS

「使用」と「利用」

　著作法においては，「使用」と「利用」という表現が使い分けられており，「利用」とは著作権法第21条から第28条に列挙されたような著作権者の許諾なくして

行えない行為（支分権に基づく行為）を指し、「使用」とは私的使用（著作権法30条）に代表されるような著作物を享受する行為を指すとされます。たとえば、他者が作ったプログラムを勝手に複製することは「利用」に該当し著作権侵害ですが、プログラムを読むことは「使用」に該当し著作権法には触れません。

しかし、ソフトウェアの場合、前述のとおり使用許諾契約で使用条件を示し、使用条件を遵守しなければ使用できないとすることにより、契約上の権利と義務を設定することが一般的です。著作権者が許諾をするのに「利用」許諾ではなく、「使用」許諾とされるのは、複製等の利用を許諾するわけではないという前提があることに起因します。

⑷　パッケージソフトウェアとオーダーメイド

システムベンダは、システム開発において必要なOSやアプリを選定し組み合わせていきます。その選択肢は非常に多く、特定の業務に汎用的に利用可能な既製品のソフトウェア（パッケージソフトウェア）を用いる場合もあれば、ユーザ特有の事情があってパッケージソフトウェアでは対応できないためにオーダーメイドのソフトウェアを作成する場合もあります。システムベンダが他者の作成したソフトウェアを用いる場合には、使用条件が定められているのが通常でシステムベンダとユーザもその制約に服するため、ユーザの希望を叶えることが難しい状況が生じることも少なくありません。詳細は後述（2.5　スクラッチ開発とパッケージベース開発）します。

なお、このソフトウェア部分を専門に開発や販売を行っている事業者を、ソフトウェアベンダまたはソフトハウスと呼ぶこともあります。

⑸　ASP と SaaS

ASP（Application Service Provider）とは、ユーザに対して、インターネット等のネットワーク経由でソフトウェアまたはソフトウェアが動作する環境をサービスとして提供する事業者のことですが、提供されるサービスそのものを指す場合もあります。また、SaaS（Software as a Service）とは、インターネット等のネットワーク経由でユーザに対してサービスとして提供される、提供者側の環境で稼働するソフトウェアのことをいいます。どちらもユーザがインターネット等のネットワークを経由してソフトウェアを利用するという点で

共通しており，SaaS のほうが後から普及したために ASP の進化版が SaaS であるとか，ASP はシングルテナント（各ユーザに対して 1 つの環境を構築して管理すること）に対して SaaS はマルチテナント（複数のユーザを 1 つの環境で管理すること）であるといった整理もありますが，ASP はサービスを提供する事業者を，SaaS はサービス形態やソフトウェアを意味すると理解しておけば十分です。

1. 2　ハードウェア

　ハードウェアとは，システムの構成要素のうち有体物の部分をいい，具体的には，サーバ，パソコン，モニタ，プリンタ，ハードディスク，スキャナ，キーボード，マウス等を指します（**図表 1 － 2**）。ハードウェアは，ユーザがシステムベンダから購入する場合もありますし，システムベンダとは別のハードウェアベンダから購入する場合もあります。

⑴　ハードウェアの選定

　ハードウェアの性能や価格はさまざまであり，システム開発では，ユーザの目的に沿った性能のハードウェアを，システムの全体構成や予算も考慮しなが

図表 1 － 2　ハードウェアの例

サーバ

プリンタ・スピーカ

パソコン・モニタ・キーボード・マウス・スマートフォン

ら，原則としてシステムベンダが選定します。

　ただ，ユーザによるハードウェアの使用態様が通常とは大きく異なるような場合（たとえば，プリンタで帳票を出力する際，著しく低い印字率で印刷継続するとドラム耐性を超える状況となり，ドラムが削れてトナー漏れが発生することがあるようです）には，そのような使用態様をあらかじめベンダに伝達して，これに適したハードウェアを選定させることが必要です。

(2)　クラウドの登場

　最近では，多くの企業で，システム関連にかかる費用の削減が課題となっています。さらに，加速するビジネスの変化に迅速に対応することが求められ，サーバ等のハードウェアを発注してシステムを開発し，試験を実施してリリースという数カ月以上（場合によっては年単位）の時間を要する方法では，ビジネスチャンスを逃してしまうことも考えられます。このような課題を解決するために，AWS（Amazon Web Services），Azure（Microsoft Azure）等のサービスに代表される「クラウド」という形態が登場しました。

　クラウドとは，インターネット等のネットワークを通じてさまざまなサービスを提供するシステム形態を指します。米国国立標準技術研究所（NIST）の定義によると[2]，クラウドは，「利用者への提供形態（専有，共有）」により，大きくプライベートクラウド，コミュニティクラウド，パブリッククラウド，ハイブリッドクラウドの4つの実装モデルで構成されます。具体的には次頁の**図表1－3**のとおりです。

(3)　オンプレミスとクラウド

　クラウドの対となる概念が，自社でサーバ，ネットワーク，OS，ソフトウェア，ミドルウェア，アプリケーションを管理してシステムを保有する形態であるオンプレミスです。

　それぞれの一般的に言及されているメリットとデメリットは**図表1－4**のと

2　National Institute of Standards and Technology, 2011, "The NIST Definition of Cloud Computing"
　https://csrc.nist.gov/publications/detail/sp/800-145/final

図表1－3 クラウドの種類

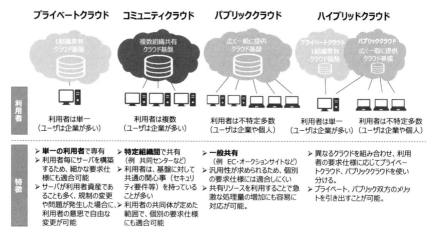

出所：NIST の定義を基に NTT データ作成

図表1－4 オンプレミスとクラウドの違い

項目	オンプレミス	クラウド
調達期間	長い（ハードウェア等の調達に時間を要することがあるため，数カ月かかること有）。	短い（ID と PW の発行だけの場合もあるため，早ければ数分程度）。
コスト	ハードウェアの購入費用に加え，保守費用，更改費用が発生する。	初期費用はない場合が多いため，低コストでスタートできる上，利用した分だけの負担（従量課金）の場合が多いため，過剰な投資は発生しない。
カスタマイズ	ユーザごとに開発するため，要望に合わせることが可能。	クラウドベンダが不特定多数に利用いただけるよう作成しているため，要望どおりとは限らない。
セキュリティ	ハードウェアへのアクセス制限等の物理的な保護をユーザが実施しなければならない。	クラウドベンダがアクセス制限等を実施するためユーザ側は意識する必要がないが，インターネットと常時接続されているため設定誤り等が大きなインシデントに結び付きやすい。

おりです。このメリットとデメリットを踏まえ，システムベンダがユーザの要望を叶える手段を提案し，両者で合意した手段を用いてシステム開発に取り組みます。

1.3　ネットワーク

　ネットワークとは，ハードウェア同士を接続してデータを送受信するための伝送路です。さまざまな種類があり，システムを利用するために必要な通信速度やセキュリティ水準等に応じて適切な種類を選択します。以下では，システム開発に関連するネットワーク関連の用語を説明します。

(1)　LAN・WAN・インターネット

　LAN（Local Area Network）とは，事業所やビルといった限られた区域内でデータを送受信するためのネットワークです。たとえば，事務所内のパソコン同士でデータの共有をしたり，パソコンからプリンタに情報を送信して印刷するためのネットワークがあり，イメージとしては内線電話が近いでしょうか。物理的に敷設すればその後の維持費が比較的安価であることや，限られた区域でネットワークを閉じていれば，外部からのコンピュータウイルスの侵入などのリスクを低減することができ，比較的高いセキュリティ水準を保てる一方で，つながる範囲が限定的であることから，用途が限られるといった特徴があります。

　WAN（Wide Area Network）とは，LAN 同士でデータを送受信するためのネットワークです。たとえば，ある会社の札幌，仙台，東京，金沢，名古屋，大阪，広島，松山，福岡の各営業所にそれぞれ敷設された LAN 同士を接続するネットワークがこれにあたります。遠隔地間での通信を実現できる一方で，物理的な距離が離れるために LAN に比べると通信速度が下がることや，LANとは異なり自前で敷設することが困難であるため，回線キャリア（NTT コミュニケーションズ，KDDI，ソフトバンク等）のネットワークを利用することになることから，LAN と比べて維持費が高額となるといった特徴があります。

　インターネットとは，世界中のさまざまな LAN や WAN がつながったネットワークです。WAN は一定の LAN の範囲に閉じたネットワークですが，イン

図表 1 − 5   LAN，WAN，インターネットの関係

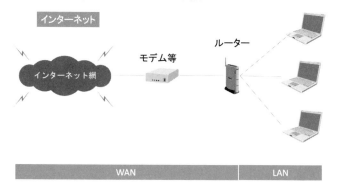

ターネットはそのような制約なく開かれたネットワークであり，非常に広い範囲をカバーした WAN ともいえます。ISP（Internet Service Provider）が WAN とインターネットを接続する役割を担っており，世界中のあらゆる情報にアクセスできるためネットワークの活用範囲が大きく広がる一方で，自らの WAN に他からアクセスしやすくなることから，サイバー攻撃や情報漏洩の可能性が生じるなど WAN や LAN よりセキュリティ面が低下するといった特徴があります。

⑵   専用線と VPN

　WAN に用いる回線には，専用線や VPN といった種類があります。

　専用線とは，言葉のとおり，1 つの WAN の構築に専用の回線を敷設する方式です。他の WAN の通信状況の影響を受けないため通信が安定し，高いセキュリティ水準を保つこともできます。一方で，個別に回線を敷設することから導入および維持コストは高くなります。

　VPN（Virtual Private Network）とは，技術によって専用線と同じような状態での共用回線の利用を可能とする方式です。回線を共用することから，通信の安定性やセキュリティ水準は専用線に劣りますが，導入および維持コストは安くなります。また，VPN には，インターネットを利用したインターネット VPN という方式と，利用者が限定され閉鎖的な回線を利用する IP–VPN とい

う方式の2種類が存在しており，インターネット VPN のほうがより安価である一方でセキュリティ水準は低くなります。

1.4　その他

その他，システム開発においてよく登場する事項についてご説明します。

(1)　バッチ処理とリアルタイム処理

バッチ処理とは，システムがデータを処理する方法のうち，一定程度の即時性の低いデータをまとめて処理することです。勤怠管理システムを例にとると，従業員が立て替えた交通費の処理について，従業員への支払が毎月決まった日に1回行われるようであれば，従業員がシステムに投入した立替データは月に1回処理を行って合計額を計算すれば事足ります。このバッチ処理は，大量のデータを効率よく処理できること，処理のタイミングを選択できるため，システムがほぼ稼働していない時間帯（夜間など）に処理を行うことによりシステムの処理能力の大部分を活用できるといった特徴があります。

リアルタイム処理とは，システムがデータを処理する方法のうち，即時性の高いデータを適時に処理することです。勤怠管理システムを例にとると，従業員がパソコンを利用している時間をリアルタイムで監視し，1カ月の残業時間が一定時間を超えそうになった場合にはパソコンの画面に警告を表示する機能を実現しようとすると，残業時間の合計をタイムリーに把握する必要があるため，データをリアルタイムで処理する必要があります。常に最新のデータ処理結果を把握できるためデータ活用を行いやすい一方で，システムに負荷がかかりやすく一度に処理できるデータがバッチ処理よりも少ないといった特徴があります。

どのデータをどちらの方法で処理するかは，システムが処理すべきデータの内容やデータ量，ハードウェアのスペックなどを考慮しながら決めます。

事例紹介①

バッチ処理のタイミング

あるユーザのシステムを構築する際に，「毎日収集されるデータを日時でバッチ

処理すること」がシステムの仕様の１つとなりました。このユーザが属する業界では，その種類のデータはさほど処理スピードが求められておらず，それを知っていたシステムベンダは，システムの他の仕様との兼ね合いで，データが収集された翌日の夜に処理する設計としていました。しかし，そのユーザは，データが収集された当日の夜に処理を希望していることが製造工程にて判明し，工程を遡っての対応が必要となり納期の延伸等が発生しました。システム開発では，ユーザとシステムベンダともに，自分の理解が当然であると考えることなく，丁寧にコミュニケーションをとることが重要です。

(2)　集中処理と分散処理

　集中処理とは，データを１台のハードウェアで集中的に処理する方法です。勤怠管理システムを例にとると，労働時間，有給休暇，交通費といった処理すべきデータのすべてをメインとなる１台のハードウェアで処理します。１台のハードウェアを保守すればよいので管理が容易であり，問題が生じた際の原因が特定しやすい一方で，問題が発生してハードウェアが止まってしまうとすべてのデータ処理が実施できなくなるといった特徴があります。たとえば，読者にも利用者がいるかもしれませんが，シンクライアントという仕組みは，システム利用者のパソコンではほぼデータの処理が行われておらず，実際のデータ処理はすべてメインとなるハードウェアで実行されており，集中処理の１つのタイプです。

　分散処理とは，データを複数台のハードウェアで分散して処理する方法です。勤怠管理システムを例にとると，労働時間のデータはサーバ A で，有給休暇のデータはサーバ B で，交通費のデータはサーバ C でそれぞれ処理する，といったイメージです。一部のハードウェアが故障してもすべてのデータ処理が実行できなくなるわけではないため，ハードウェアをさまざまな場所に設置しておけば災害等の影響を小さくできる一方で，複数台のハードウェアを保守しなければならず管理が煩雑となり，問題が生じた際の原因が特定しづらくなるといった特徴があります。こちらも読者に利用者がいるかもしれませんが，クライアントサーバシステム（クラサバ）という仕組みは，システム利用者のパソコン（クライアント）で比較的簡単なデータ処理を行い，それ以外のデータ処

理はすべてメインとなるハードウェア（サーバ）で実行されており，分散処理の1つのタイプです。

　どちらの方法で処理するかは，システムが処理すべきデータの内容やデータ量，問題が発生してデータ処理が止まった場合の影響度，ハードウェアの管理にあてられるリソースなどを考慮しながら決めます。

2　システムは誰が作るか

　ユーザとシステムベンダがシステム開発プロジェクトの中心となることは読者もイメージしやすいと思いますが，システム開発は，その他さまざまなプレーヤーの参画により成り立っています。どのプレーヤーがどのような役割を担っているのかを知ることは，システム開発の実態を理解するために重要であるため，本節で紐解きます。

2.1　システム開発の代表的なプレーヤー

　システム開発プロジェクトのプレーヤーを図解すると，**図表1－6**のようになり，数多くのプレーヤーが存在することがわかります。

図表1－6　システムの代表的なプレーヤー

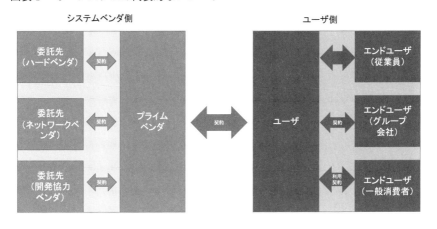

(1)　ユーザ

　ユーザとは，発注元として，システムベンダに開発を依頼する者で，多くの場合は個人ではなく企業です。後述のエンドユーザに対し，完成したシステムを提供する立場でもあります。

　エンドユーザとは，完成したシステムを利用する者で，ユーザ内の特定部門やそこで働く個人，ユーザ以外の一般消費者，あるいはユーザとは別の企業などがあります。なお，ユーザ以外の一般消費者や企業がエンドユーザである場合であっても，エンドユーザ自身はシステムベンダとは契約を締結しないのが一般的です。

(2)　システムベンダ

　多くの場合**図表1-6**のようにシステムベンダにはプライムベンダと委託先ベンダが存在します。プライムベンダとは，ユーザから，システム開発を直接に発注される者をいい，当該システム開発全体の工程管理等を行います。自社単独でのシステム開発作業はもちろんのこと，委託先ベンダに業務の一部を委託したり，システム開発に必要な物品を調達したり幅広く対応します。

　委託先ベンダとは，プライムベンダからシステム開発業務の一部を再委託される者をいい，特定の分野で広いシェアをもつソフトを開発していたり，特定の業界について深い見識を有している等，何かしらの強みを持っているケースがよく見られます。

　次項からは，これらのプレーヤーがシステム開発において，どのような役割を期待されるかを解説します。

2.2　ユーザの役割

(1)　ユーザの役割の重要性

　一般的な取引では，発注者は，受注者に対して欲しい商品を注文すれば，あとは商品が届けられるのを待つだけとなりますが，システム開発においてはそうではありません。システム開発では，ユーザ自身がシステムに対する要望を整理してアウトプットする必要があることから，ユーザに求められる役割が多く，システム開発プロジェクトを成功に導くためには，ユーザの役割は非常に

重要です。

　また，システムの発注者がシステムを使う人とは限らない点も，ユーザの役割の重要性を高めるポイントです。発注者としてシステムベンダに接するのは，ユーザのIT部門であることが多いです。しかし，たとえば勤怠管理システムであれば，実際にシステムを使うのは，IT部門に限らずその企業の従業員1人ひとりです。また，銀行のATMシステムであれば，銀行に預金をしている人などがシステムを使います。

　このようなシステムの発注者とエンドユーザが異なる構造によって，発注者とエンドユーザのシステムに対する要望が一致しない事象が起こりうるということも，システム開発にかかわるすべての当事者が理解すべき重要な事項です。特にユーザは，このような構造を理解し，以下の役割を果たすことが期待されます。

⑵　**エンドユーザとの調整**

　システムは，エンドユーザの希望を実現するための手段なので，その希望を把握することがシステム開発の第一歩であり，システム開発の成否を左右する重要な営みです。一般にシステムベンダはエンドユーザの事業や業務に深く精通しているわけではなく，また直接の接点を持たないことも多いため，エンドユーザのニーズを把握し，明確にしたうえでこれをシステムベンダに伝えるのはユーザの役割となります。

　また，エンドユーザがシステムによって実現したいことをすべて盛り込めば良いシステムができあがるとも限りません。従来の業務をすべてシステム化しようとして機能を盛り込みすぎた結果，操作性が悪くなったり，予算に収まらなくなったりというシステム開発の失敗事例も珍しくありません。こういった事態に陥らないように，エンドユーザがシステムによって実現したいことのうち，どれを採用しどれを見送るかという取捨選択をしたり，システムベンダとエンドユーザとの間に入ってさまざまな調整をしたりといったことがユーザの重要な役割となります。

　ユーザは，システム開発において単なる発注者ではなく，自身の業務のプロとして，システム開発のプロであるシステムベンダと協働することになるのです。

　また，１つのシステム開発において，システムをいくつかの要素に分割して，要素ごとに複数のシステムベンダに発注するマルチベンダ体制が採用される場合もあります。この場合，ユーザは，発注先である複数のシステムベンダを管理し，各システムベンダの進捗状況や作業内容に応じて，他のシステムベンダとの連携・調整をするといったプロジェクトマネジメントの役割を担うこととなり，ユーザの役割がより一層重要なものとなります。

【 事例紹介② 】

ユーザの IT 部門と事業部門との調整

　あるユーザが全社的に利用するシステムを構築する際に，仕様を決めるために社内の各組織から代表者を選定して会議を開催することにしました。しかし，各組織がそれぞれの希望を提示する中で，IT 部門はその調整に難航し，遂にはシステムベンダに調整を託すという判断をしました。システムベンダはユーザからの要望であるため，やむなく調整を試みましたが，当然ながらシステムベンダは IT 部門よりもユーザ内の業務プロセスや各組織の役割等についての理解が浅く，また，各組織の代表者との関係も構築できていないことから，調整はうまく進みませんでした。結果，システムの構築が大幅に遅れてしまうこととなりました。エンドユーザとの調整をシステムベンダが行うことは難しく，ユーザの果たすべき重要な役割の１つとなります。

【 事例紹介③ 】

エンドユーザとの調整不足による本番稼働延期

　数年かけて完成に向け順調に進捗していると思われていたシステム開発において，本番稼働目前に突然，ユーザがシステムの仕様不具合を理由に本番稼働の延期を決定し，システムベンダが追加の開発をせざるを得なくなってしまいました。システムベンダは，本番稼働に進むかどうかを判断するための試験項目や判定基準について，ユーザの IT 部門とは合意していたものの，エンドユーザとは合意していなかったため，本番稼働前の受入試験でエンドユーザから「このままの状態では本番稼働はできない」と評価されたのが原因です。

　システムベンダは，ユーザ内での IT 部門とエンドユーザとの調整状況や合意結果を随時確認するとともに，ユーザの IT 部門も，エンドユーザを巻き込んで社内の意思統一を図るといった役割を担うことが重要です。

2.3 システムベンダの役割

(1) システムベンダへの誤解

　ユーザがシステム開発をすることになったとき，システムベンダをどのような存在として見るでしょうか。「こういうシステムを作ってくれ」と要望すれば魔法のように思ったとおりのシステムができあがって来る，そんなふうに思っているかもしれませんが，残念ながら，システムベンダは万能の魔法使いではありません。

　たしかに，システムベンダはシステムを開発するプロです。しかし，必ずしもユーザの業務に詳しいとは限りません。付き合いの長いユーザであれば，システムベンダはユーザの課題なども含めて把握している場合もありますが，そうでなければ，基本的にはユーザからの情報が頼りとなります。

　そこで重要となるのが，ユーザとシステムベンダとの密な連携です。ユーザにとって真に有用なシステムを作成するには，最初の提案の段階から密に連携を図り，ユーザの業務はどのようなフローで誰が関与し，どこをシステム化することでどんな課題の解決を図りたいのか，またどこまでの業務フローの変更が許容されるのか，予算はどれくらいか，システムはいつから使いたいのかなど，さまざまな点で意識を合わせる必要があります。実際，ここが曖昧なまま開発を始めてしまったことで，ユーザが思っていたものとは全く違うシステムができあがってしまい，ユーザとシステムベンダの間で争いになる，といったこともよく聞かれます。

(2) パートナーとしてのシステムベンダ

　システム開発におけるシステムベンダの役割は何か，という問いに対する答えは簡単ではありません。「そんなのシステムを作ることに決まっているじゃないか」と思われるかもしれませんが，前述したように，システムを作るということは，ユーザの協力なしには不可能といっても過言ではありません。その意味で，システムベンダはシステム開発のプロとして，ユーザに寄り添い，ユーザの協力を得つつ，課題を解決するためにはどうするのがベストか適切にアドバイスを行い，提案し，ユーザが真に求めるシステムをユーザとともに作り上

げることこそが役割といえます。この役割を果たすため，場合によっては，システムベンダの担当者がユーザの業務を把握するためにユーザの事務所や営業所に常駐したり出向することもあります。つまり，システムベンダはただの開発業者の枠を超え，コンサルティング業務から提案，開発，その後の保守に至るまで，ユーザの業務に常に関わるパートナーといえます。

⑶　システムベンダの構造

　システム開発は，開発の規模や種類にもよりますが，単独のシステムベンダだけで初めから終わりまですべて完結することは少なく，複数の委託先ベンダが存在することが多いです。わかりやすい例でいえば，システムにサーバが必要なのでハードウェアベンダからサーバを購入する，ネットワーク（NW）が必要となるためネットワークベンダからネットワークを調達する，といったことや，実際にプログラムのコードを書く作業を委託先ベンダに委託する，といったこともよく行われます。特に大規模なシステム開発には非常に多くの人員が必要となり，単独のシステムベンダだけでは賄いきれないことがほとんどで，複数の委託先ベンダと協力して，ユーザの求める期日までに開発を完了させます。

　ここまでに紹介したユーザとシステムベンダの役割を，すべてのプレーヤーが共通して理解しているとは限りません。このため，システム開発のプレーヤーの間で，誰がどのような役割を担うのかについて認識の齟齬が生じないよう，契約においても役割分担を明記し，相互に確認したうえで，これに基づいてシステム開発を遂行していくことが重要です。

TIPS

開発体制のバリエーション

　図表1－6「システムの代表的なプレーヤー」に提示した図表とは異なる以下のような形態も存在します。その場合は前述以外のプレーヤーも登場します。
■ユーザ側として，システム子会社が関与する形態
　ユーザ側として，ユーザと関連する会社で，かつシステムに造詣の深い会社が，ビジネススキームに入ってくるケースがあります。典型的な例としては，ユーザのシステム子会社が関与する場合です。ユーザのシステム子会社の役割は，上流工程においてユーザのコンサルタント的に関与するケース，ユーザと共にシステ

ムの仕様確定や検収を行うケース，ベンダとの契約当事者となり上流工程からシステム完成まで主体的に行うケースなどがあります。

　ユーザのシステム子会社がどのレベルの役割を担うかは，そのユーザのシステム子会社の人員・体制・予算などのリソースを勘案し，ユーザがどれほどの関与を期待するかによります。また，特殊なケースとして，ユーザのシステム子会社ではなく，同業界のユーザらの連盟でつくる団体（その業界内でのシステム方針を策定する機能を持つ団体）などが，上記のようなシステム子会社に近い役割を担うこともあります。

■マルチベンダ方式と，ジョイントベンチャー（JV）方式

　大規模なシステム開発案件においては，受注するプライムベンダが単独企業でないことがあります。この場合には主として2つの方式があります。

　マルチベンダ方式（図表1－7）と，ジョイントベンチャー方式（JV方式）です（図表1－8）。

　マルチベンダ方式とは，ユーザがさまざまな企業の役務や製品，ネットワーク等を選んで組み合わせ，システムを構築する手法のことです。

　JV方式とは，複数の異なる企業等が共同事業体を組成して受注し，システム開発プロジェクトを遂行する手法のことで，建設業界で用いられることがあります。

　両者の大きな違いは，複数のシステムベンダ間の調整を誰が行うのか，という点です。マルチベンダ方式の場合はユーザが主体となってシステムベンダを選定し個々のシステムベンダと契約や調整をしますが，JV方式の場合はそのJVを代表するシステムベンダがユーザとの調整を中心的に遂行することがほとんどです。

図表1－7　シングルベンダ体制とマルチベンダ体制の違い

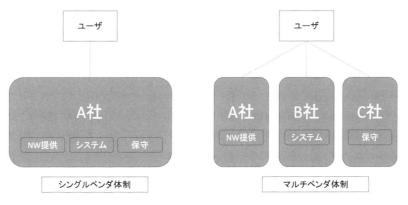

　マルチベンダ方式では，メーカー的統一性にこだわらず部品ごとに製品を選り
すぐることで，選択の幅が広がり，うまく組み合わせれば効率のよいシステムを
柔軟・安価に構築できる可能性があるというメリットがあります。JV方式では
そのようなコストや製品選択の柔軟性におけるメリットは期待しがたい一方で，
前述した各システムベンダとの調整についてユーザの負担が比較的軽いというメ
リットがあります。

図表1-8　ジョイントベンチャー方式（JV方式）

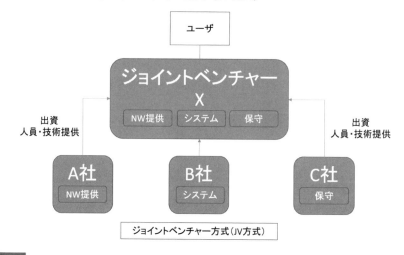

TIPS

システムが実現するべきものと，それに至らなかった責任の所在

　システムは前述のとおり，ユーザとシステムベンダで仕様を決定した上でその
仕様に沿うように作られます。しかし，仮に仕様どおりシステムが完成したとし
ても，できあがったシステムが非常に使いにくくエンドユーザから不満の声が挙
がったり，蓋を開けてみれば自己の業界・業務に詳しいはずのユーザがシステム
に必要な要件を十分に認識できておらず，エンドユーザからすると不完全なシス
テムに終わってしまうことがあります。たとえば，前者は画面の項目が非常に煩
雑で見にくい，後者はユーザの業務上そのシステムに複数人がアクセスしなくて
はいけないのに1人分しかアクセスできない仕様にしていたといった場合です。
　このような「仕様どおりに完成したのに，有益なシステムにならなかった」場
合の責任の所在は，しばしばユーザとシステムベンダの間で意見が対立します。

　確かに，仕様確定に際して，システムベンダが著しく不合理な仕様を強く提案して押し切り，ユーザがその良し悪しを判別できないまま開発が進められた場合などでは，システムベンダ側の責任を問う余地はあると考えられます。しかし，システム開発はシステムベンダの支援を受けつつもユーザの責任で仕様を確定して進められる場合が多いことや，システムに搭載されるべき機能について詳しいのは自己の業務に精通しているユーザ自身であること等からすると，「仕様どおりに完成したのに，有益なシステムにならなかった」ことの責任はユーザ側に認められることも少なくありません。

事例紹介④

ユーザの指定するシステムベンダ

　あるユーザのシステムを構築する際に，当該ユーザと関係の深いシステムベンダ（A 社）をプロジェクトに参画させたいという希望がユーザからプライムベンダに提示されました。当該システムは構築の難易度が非常に高く，高度なプロジェクト運営が求められるところ，プライムベンダと A 社ではそれまで取引がなく，A 社がどの程度の技術を持っているかがわからなかったため，プライムベンダは難色を示したものの，ユーザからの強い要望を受けて A 社のプロジェクトへの参画に応じました。しかし，プロジェクト開始後に，A 社には当該システムの構築に対応できる技術がないことが判明し，プライムベンダは急いで代わりのシステムベンダを探す必要が生じ，構築スケジュールも大幅に遅延することとなりました。システムの最適な開発体制はプロジェクトごとに異なるため，適切なシステムベンダを選定することが重要です。

2.4　偽装請負

　本項では，どの業界でも共通して留意しなければならない偽装請負の問題について，システム開発を行う際にユーザとシステムベンダの関係において注意すべき点を中心に解説します。

(1)　偽装請負とは何か

　偽装請負とは，平たく言えば，形式上は請負や準委任といった業務委託の形にもかかわらず，実態は労働者派遣となっている，すなわち，発注者から受注者の従業員に対する直接の指揮命令が行われている状態です（**図表 1 − 9**）。こ

図表1－9　委託契約と労働者派遣

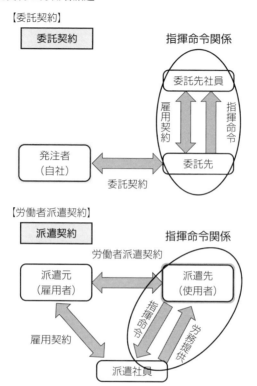

　の状態は法令（具体的な行為の内容にもよりますが，労働者派遣法5条，34条，35条，職業安定法44条，労働基準法6条など）に抵触するおそれがあります。ユーザからシステムベンダに対する委託契約，プライムベンダから委託先ベンダに対する（再）委託契約のいずれでも発生しうるため，いずれの当事者においても注意が必要です。

　基本的に企業から従業員に対する指揮命令権は，企業と従業員との間の雇用契約が根拠となるため，雇用契約の存在しない発注者と受注者の従業員間において，直接の指揮命令を行うことができません。そのため業務委託の場合は，発注者から受注者の責任者に対して必要な指示を行い，受注者の責任者が受注者内でどの従業員に何の作業を実施させるかの割り振りを行うというのが本来

のあり方です。もし，発注者が受注者の従業員に対して，雇用契約を結ぶことなく指揮命令を行いたいと考える場合には，受注者から当該従業員の派遣を受ける派遣契約とする必要があります。

(2)　偽装請負は何が問題か

　しかし，実際には，発注者から受注者の従業員に対する指揮命令が行われるケースが存在し，行政に摘発される事例も後をたちません。なぜそのような状況が生じるかというと，発注者から受注者の従業員へ直接指示を行うほうが，受注者の責任者を経由するよりもコミュニケーションの階層が少なく具体的な指示を出しやすいためです。発注者から受注者の従業員に対する受注者に対する直接の指揮命令は，一見すると効率的な業務遂行が実施できてメリットがあるようにも見えます。しかし，このような状態となってしまうと，発注者と受注者それぞれの労働者に対するさまざまな責任があいまいになり，雇用や安全衛生面といった基本的な労働条件が確保されない可能性がある，といった点が問題となります。具体的には，発注者から受注者の従業員に対する直接の指揮命令が常態化した場合，発注者側は「自社の従業員ではないから管理責任を負っていないため，負荷のかかる指示を出しても問題ない」と考え，受注者側は「発注者側が自社の従業員に色々と指示してくれて，自社で従業員管理を行う必要がないからお任せしてしまおう」と考えることによって，発注者と受注者のいずれも受注者の従業員の健康等に対して十分なケアを行わなくなり，気づいたころには従業員の肉体的・精神的な問題が発生してしまいかねません。

(3)　システム開発と偽装請負

　システム開発では，一般的に請負や準委任といったいわゆる業務委託契約が用いられることが多いため，前述のとおり，発注者から受注者への指揮命令は実施できません。しかし，システム開発においては，以下の特徴があるために，システム開発のプロジェクトを遂行するうえでは偽装請負の状態とならないようユーザとシステムベンダの双方が常に意識を高く保つ必要があります。

- 完成物であるシステムはその形が目に見えないため，開発過程で発注者と受注者がこまめに意思疎通を図って形を作り上げていく必要があること

- システム開発はさまざまなシステムベンダからメンバが集まって行われることが多く，1つのプロジェクトにさまざまな会社のメンバが存在することが多いこと

システム開発のプロジェクトにおいて発生しやすい，偽装請負との評価を受けかねない事象として考えられる主な例としては以下のようなものが挙げられます。

- 発注者が，受注者の従業員に対して直接作業指示を行ったり，受注者の従業員ごとの作業分担を決めたりしている
- 発注者が，受注者の従業員の就業時間や休憩時間の管理を行っている
- 発注者が，受注者の従業員の評価や人選を行っている
- 発注者，受注者それぞれの従業員の座席配置が事業所において混然一体となっており，発注者から受注者の従業員への直接の指示が行われやすい状態となっている

⑷　契約における偽装請負防止のための取組み

　偽装請負が起こってしまうと，労働者派遣法，職業安定法といった法令に抵触し，その場合，受注者だけではなく発注者も処罰される可能性があります。そのため，システムベンダはコンプライアンス上の観点から，プロジェクトの現場においても偽装請負の発生を避けるための適切な対応を実施しています。その具体例の1つとして，契約書においてもシステム開発のプロジェクトに関するさまざまなコミュニケーションルールを子細に定めることが挙げられます。具体的には，以下のような規定を盛り込むことによって，発注者から受注者の従業員への直接の指揮命令が行われることを回避するよう努めることが多いです（詳細は第Ⅱ部の契約書条文解説をご確認ください）。

- 発注者と受注者それぞれの役割分担を決めてそれぞれが行う作業を明確化する
- 発注者，受注者ともに責任者を指名し，コミュニケーションルートを一本化する
- 会議実施ルールをあらかじめ決めておき，発注者と受注者のコミュニケーションは会議中に行う

• 仕様を確定させたり変更する際のルールをあらかじめ決めておく

3 システムはどう作るか

システムの開発から利用までの流れは，①提案・見積フェーズ，②システム開発フェーズ，③開発後運用・保守フェーズという3つのプロセスに分けられます（**図表1-10**）。ここでは，この3つを順に概観します。

図表1-10 システム開発の3フェーズ

3.1 提案・見積フェーズ

システム開発における提案・見積フェーズは，顧客に対する営業の実施から契約の締結までを指し，概ね**図表1-11**のようなプロセスで進みます。

図表1-11 提案・見積フェーズの主なプロセス

(1)　営業活動

　営業活動では，システムベンダが新規あるいは既存のユーザを訪問し，自社事例の紹介やニーズのヒアリングなどを行います。その過程で，システムベンダはユーザがどのような課題を感じているかを深く掘り下げ，ユーザ業務の効率化やあるべき姿を検討するために必要な情報を引き出します。

　場合によっては，ユーザ自らシステムに関する要望を抽出し，「このようなシステムが作りたいので，何ができるか提案してほしい」と，システムベンダに対して広く提案を募集する場合もあります。ユーザがシステムに対する要求事項を取りまとめて記載したものを「提案依頼書（Request For Proposal：RFP）」といいます。

(2)　提案・見積

　システムベンダは，引き出した情報やRFPをもとに，どのようなシステムをいつまでにいくらで作ることができるのか，ユーザに対して提案を行います。ユーザは，システムベンダから提示された提案内容について交渉し，複数社からの提案を受けている場合にはもっとも要望に応えてくれそうなシステムベンダを選定します。

　もしユーザに予算制限がある場合，その予算内で実現できる機能には限界があるため，システムベンダから開発対象機能の縮減を提案することもあります。また，比較的安価にシステム開発を行うために，システムベンダは一部の機能を既製品のいわゆるパッケージソフトウェアで実現することを提案することもあります。システムすべてを独自に開発すれば，実装する機能のほか，非機能面（ユーザが実際に見る画面の見た目やセキュリティ，処理速度など）についても1つずつ打ち合わせを行い，ユーザの要望を最大限反映したシステムを構築することが可能ですが，時間がかかりコストも高くなってしまいます。

　他方で，すでに製品としてできあがっているパッケージソフトウェアを用いれば，導入・運用までにかかる期間が短くなり，コストも比較的低く抑えることができます。ただし，実現できる機能はパッケージソフトウェアが有するものに限定され，これがユーザ要望や業務フローと大きく乖離している場合はカスタマイズが必要になり，かえってコストがかかってしまうおそれもあります。

　また，システムベンダの提案には「前提条件」が含まれる場合もあります。
　たとえば，開発したシステムの著作権のすべてをユーザに帰属させるのでなく「システムベンダが従前から保有していたプログラムの著作権はシステムベンダに留保する」ことを提案時から条件として提示することがあります。システムベンダは，「フレームワーク」と呼ばれるプログラム資産（一定の機能を実装するためのプログラミングを行う際に用いる公式・枠組みのようなもの）を会社として保有しており，開発にあたりこれをなるべく流用することが一般的です。しかし，こうしたプログラムの著作権をユーザに帰属する（譲渡する）と定めてしまうと，以降そういった資産を使用することができなくなってしまうため，システムベンダは著作権の帰属に関する条件を提案時から提示することがあります。このような，システム開発における重要な条件については，早期から合意を図ることが推奨されます。
　どの開発手法を用いるかについても，システムベンダから提案・説明することがあります。システム開発の手法としては，「ウォーターフォール型」と呼ばれるものが一般的に広く知られ用いられてきましたが，近年では，「アジャイル開発」（詳細は第5章を参照）などの手法も用いられています。
　また，近年の働き方改革の波を受けて，ユーザの中には自社の業務の仕方を抜本的に見直し，それに合わせて新たなシステムを導入する場合もあります。この際用いられるのが，BPR（Business Process Re-engineering）と呼ばれる手法です。わかりやすく言えば，今行われている業務フローをシステム化により効率化するに留めるのでなく，業務を最も効率的に行えるフローをゼロベースで検討し，それに合うようにシステムを作るということです。
　この手法は，ユーザの求める姿の実現に適していますが，他方で，エンドユーザにとっては，従来の作業・操作から全く変わってしまうがために，混乱が生じる場合がしばしばあることから，あらかじめユーザ内で，エンドユーザの要望を取りまとめておくことが非常に重要です。

事例紹介⑤

システムベンダの提案内容の流用

あるユーザがシステムを構築する計画を立て，システムベンダにRFPを提示

する際に，あわせて NDA（機密保持契約）を締結するよう指示しました。ユーザから提示された NDA の内容は，システムベンダのみが機密保持義務を負う内容となっていたため，ユーザ側も機密保持義務を負うようシステムベンダから要望が出されたものの，ユーザはこれに応じませんでした。システムベンダはやむなくユーザ提示の NDA を締結し，ユーザに対して提案を行ったものの，残念ながら採用されませんでした。しかし，後日，ユーザが当該システムベンダの提案した内容を流用して他のシステムベンダとシステム開発を開始した事実が判明しました。それを知ったシステムベンダは，NDA における機密保持義務こそなかったものの，自らの提案内容が対価もなしに流用されたことについてユーザに対して抗議し，その後紛争となりました。正式契約締結前の提案・見積フェーズにおいても，ユーザとシステムベンダがそれぞれ相手の情報を機密として管理するよう合意しておくことが重要です。

事例紹介⑥

BPR の失敗

　あるユーザが新たな社内システムを構築する計画を立て，IT 部門とシステムベンダで調整してシステムを完成させました。当該システムは BPR を前提としており，社内の各組織（エンドユーザ）で新システムを利用するにあたり業務プロセスを見直す必要があるところ，事前の IT 部門とエンドユーザとの調整が不十分だったことで，エンドユーザから業務プロセスの見直しに抵抗する声が上がり，結局，新システムは利用されないままお蔵入りとなりました。このように，社内システムを構築する上で実際に使用するエンドユーザとシステムベンダと調整する IT 部門が異なる場合は，エンドユーザと IT 部門との調整が重要です。

---

(3)　契約交渉・締結

　ユーザによりシステムベンダが選定されると，両者間で契約を締結します。システム開発に関する契約は，開発の特殊性から通常の準委任契約・請負契約に比べてさまざまな工夫が必要です。そのため，システムベンダの契約書雛形を活用するほうが，新たに契約書を作成するより簡便なケースも想定されます。

3.2　システム開発フェーズ

　開発にかかる契約を締結したら，システムベンダは開発作業に着手します。開発作業と一口に言ってもさまざまな手法がありますが，ここではメジャーな開発手法である「ウォーターフォール型開発」を取り上げます。ウォーターフォール型開発は**図表1-12**のように表されます（Vモデル）。左側の工程ではどのようなシステムを作るかを詳細に決め（要件定義，設計），中央の工程では決定事項に従ってプログラム等を作成し（製造），右側の工程では作成されたプログラムの動作が設計どおりかを確認し（試験），問題がなければ実際に利用するための環境に移します（移行）。各工程の内容の詳細は，第3章第3節〜第7節も参照ください。

(1)　要件定義工程

　要件定義工程では，提案書をもとに，システムに必要な要件を具体化していきます。このためにシステムベンダはユーザに対しヒアリングを実施し，「なぜこのシステムを作るのか」，「現行のシステム運用フローや課題」，「新システムに期待する機能」などを洗い出します。

　当然，限られた期間でコスト等の制約条件がある中ですべてを取り入れるの

図表1-12　Vモデル図

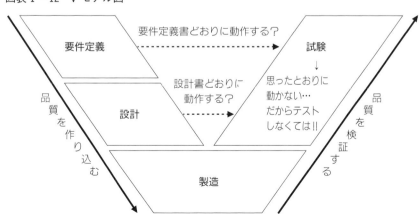

は現実的ではありません。そのためシステムベンダは，ユーザからの要求を最
大限汲み取りつつも，実現可能なシステム像を検討していく必要があり，ユー
ザにおいても，システムに取り込むべき要件を取捨選択し，必要な要件を決定
しなければなりません。

　この工程におけるゴールは，「システムが備えるべき機能」，「機能の実施にか
かる時間」，「システムで取り扱うデータの流れ」等を可視化し，システムベン
ダとユーザが合意した内容を「要件定義書」として書面化することです。直後
の設計工程はこの要件定義書に基づき実施され，また試験工程においても「要
件定義書記載の要件を充足するか」を確かめるために用いられるため，極めて
重要な文書となります。

(2)　設計工程

　要件定義工程で抽出された要件の実現方法を検討し文書にまとめるのが設計
工程で，「外部設計」と「内部設計」の2つから成り立っています。

　システムの画面の設計を考えてみます。まず外部設計として，ページごとの
レイアウトや各ページでどのような情報を入力するか等，エンドユーザから見
たシステムの動作を検討し，合意事項を「外部設計書」にまとめます。

　その後，内部設計としてそれぞれのページを動かすためにシステム内部でど
のような処理を実施するかの詳細を定め，「内部設計書」として書面化します。

　この外部設計と内部設計のように，システム開発では前工程までの決定事項
をもとに開発を進めていきます。そのため，仮に外部設計終了後に新たな要件
を追加しようとすると，それまでの設計を大きく作り替えなければならなくな
ります。これを避けるため，システムベンダとユーザは早期にシステムの仕様
について合意する必要があります。

(3)　製造工程

　製造工程では，設計工程で作成された「外部設計書」「内部設計書」をもと
に，プログラマによってプログラムが作成されます。このプログラマは，設計
工程を実施したシステムエンジニアとは別であるケースが多いです。

　また，システムが複雑であればあるほど，プログラマはシステム全体を把握

しながら開発を行うことが難しくなります。そのため，プログラマは設計書の内容に基づき開発作業を行います。したがって，製造工程を開始したのちに設計書を変更することは非常に困難であり，この点からもシステムベンダとユーザが適時に仕様を確定させることが重要といえます。

(4)　試験工程

試験工程では，製造工程で作成されたプログラム等が正しく動作するかを確認します。不具合の発生箇所の特定を容易にするため，順序としては，最初にプログラムの最小単位であるモジュールごとに試験を行う「単体試験」を実施します。単体試験実施後，モジュールを組み合わせ正常に動作するかを確認するための「結合試験」を実施します。結合試験実施後は，システム全体を試験の対象とする「総合試験」を実施し，システムが正しく動作するかを確認します。

試験工程のゴールは，システムがあらかじめ定めた仕様，つまり内部設計書や外部設計書，そして要件定義書の内容に合致しているかを確認することです。ユーザにとっては，この工程で初めてシステムの動作を自らの目で確認することができます。

(5)　移行工程

試験工程でシステムが正しく動くだけでは，開発が完了したとはいえません。一般に，開発中のシステムは「開発環境」という閉鎖的な環境で作成されており，これを「本番環境」というエンドユーザからアクセス可能な領域に移す必要があります。また，旧システムからの切換えの場合等には，旧システム上のデータを新システムに引き継がなくてはなりません。このようなシステムを実際に利用するための準備を指して移行作業といいます。

移行作業の実施には，基本的に旧システムを一度止める必要があります。そのため，多くの場合エンドユーザの影響を考慮し深夜や連休等，限られた時間の中で作業を進めなければなりません。一発勝負のシステム切換えを円滑に実施するためには，システムベンダとユーザが必要なタスクを洗い出し，自らの役割を果たすことが重要です。

　移行工程で行われるのは移行作業だけではありません。エンドユーザに対するシステムの使用方法の説明や，ユーザ向けのシステム運用マニュアルの整備などもこの工程で実施されます。

3.3　運用・保守フェーズ ── システムの運用・保守とは

　第1節で解説したとおり，システムはハードウェア，ソフトウェアやネットワークなどさまざまな要素で構成されます。システムが安定稼働し続けるには，これらの構成要素が納品後も正常に動作し続けるよう監視し，また障害が発生した場合には適切に対応することが必要になります。ユーザがシステム開発を発注する際は，開発の予算だけでなく，運用・保守にかかる費用についても，あらかじめ検討することが必要です。システムは開発期間よりも運用・保守期間のほうが長いことが多いため，開発費用より高額な運用・保守費用がかかるケースもあります。

　なお，システムの起動や停止の実施，稼働中のシステムに問題が発生しないか監視する作業を行うことなどを「運用」，システムに問題が発生した場合にプログラムの修正などのシステムの改修作業を行うことなどを「保守」と呼ぶことが多いですが，いずれも明確な定義が存在するわけではなく，また両者を区別せずに一体として実施されることも少なくありません。

第2章
システム開発前段階：提案・見積

1 何を作るか検討するフェーズ

本章では，システム開発が開始されるまでの動き，その中で何が実施されるか，どのような契約が締結されるか，などについて説明します。

1.1 案件が創出されるパターン

システム開発の案件が創出されるパターンには，大きく(1)ユーザからのアプローチと(2)システムベンダからのアプローチの2つがあります。

(1) ユーザからのアプローチ

ユーザからの提案として，RFPによるコンペティション（コンペ），指定のシステムベンダに対する依頼等が挙げられるので，それぞれ紹介します。

① RFPによるコンペティション

システムベンダは，ユーザが作成したRFPに基づき，提案書を作成します（図表2－1）。提案書をユーザに提出した複数のシステムベンダの中から発注先に選定されることで案件の創出となります。なお，RFPに類似する用語にRFI（Request For Information）があり，ユーザがシステムベンダ等に情報提供を依頼する文書を意味し，RFPを作成する際の条件設定等を判断するために発行します。

図表 2 - 1　RFP，RFI 等の時系列

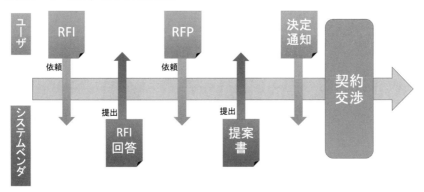

事例紹介⑦

コンペにおける評価基準

　あるユーザがシステム更改にあたり，開発コスト削減のため複数のシステムベンダに RFP を提示しコンペを行いました。コンペには 3 社が参加し，既存システムベンダである A 社は，システムを把握したうえで，更改に必要な費用として約 1 億円を提示しました。B 社は，新規参入ということもあり，ユーザの業務，既存システムの分析コストや不測の事態を想定した費用を加えて約1.2億円を，そして，C 社は，新規顧客の獲得を目指し，約5,000万円を提示しました。コスト削減を重視するユーザは C 社を選定しましたが，開発が始まると，ユーザの特殊な業務の実態など C 社が想定していなかった事態が発覚し，要件定義工程が大幅に遅延したため，完成の目途が立たなくなり，ユーザは C 社との契約を途中で解約し，改めて A 社に発注することになりました。

　コスト削減はユーザにとっては大きな課題であり，コンペは有効な手段になりえますが，コスト偏重とならないように注意が必要です。

②　特定のシステムベンダに対する依頼

　システムベンダは，自身のサービスやシステム開発実績について，ニュースリリースや展示会で宣伝活動をしています。それを受けてユーザからシステムベンダに対してアクションをとり，案件創出がされることもあります。また，システムベンダの既存のユーザから別のユーザが紹介され，案件の創出がされ

ることもあります。

⑵　システムベンダからのアプローチ

　システム開発はユーザからの発意で始まるだけではなく，システムベンダが自発的に提案書を作成してユーザに提出することで，ユーザからの発注につながることもあります。これは，既存ユーザに対して行われるだけではなく，新規ユーザに対して行われることもあります。既存ユーザであれば，システム開発の中でユーザが日頃感じる課題を推測しやすく，またユーザ自身が気づいていない深い課題の解決にもつながる提案を行うことができる場合もあります。

　以上のようなアプローチの結果，案件が創出される場合には，本格的にシステム開発を進める前に，ユーザとシステムベンダ間で情報交換をして，どのような課題をどのようなシステムで解決するのか検討を深めたり，システムの実現可能性や有効性を確認することにより，開発すべきシステムを徐々に明らかにしていきます。

　ここからは，このような段階でユーザとシステムベンダ間で締結される契約について解説します。

1.2　NDA

⑴　NDA とは

　NDA とは，Non-Disclosure Agreement の略語で，取引や交渉に際して，相手方から開示された機密情報を第三者に開示・漏洩等しない旨を定めた契約です。秘密保持契約や機密保持契約などとも呼ばれます。

　多くのシステム開発では，システム開発を実施する前の実現可能性判断をする際に締結します。たとえば，RFP には，ユーザの社内事情や今後の事業展開予定などが記載されることもあり，原則的には RFP の受領前に締結します。

　この段階で，ユーザは，システムベンダがどのような技術を持ち，ユーザの希望どおりにシステムを実現できるかわかりません。一方，システムベンダは，ユーザの希望を把握するには，Web サイト等に掲載している公開情報だけでは不十分です。そうなると，ユーザから機密情報を受領する必要がありますし，逆に，システムベンダの持つ技術を紹介するには，公開情報だけでは説明は難

しく，ユーザに機密情報を開示する必要がある場合もあります。

　ユーザとシステムベンダが互いに機密情報を安心して交換するためには，両者の信頼関係が重要なのはもちろんですが，機密が保持されることを法的に担保するためにも NDA を締結する必要があります。

(2)　機密情報とは

　NDA は，機密情報を第三者に開示・漏洩等しない旨を定める契約です。機密情報と類似した概念として，営業秘密があります。営業秘密とは，不正競争防止法第 2 条第 6 項に定める，「秘密として管理されている生産方法，販売方法その他の事業活動に有用な技術上又は営業上の情報であって，公然と知られていないもの」を指し，これに該当すれば，不正競争防止法による保護を受けることができますが，ユーザとシステムベンダ間で開示されるすべての情報がこの要件を満たすわけではなく，また，NDA を締結しないで開示した情報は「秘密として管理されている」とはいえないと判断される可能性もあります。

　したがって，営業秘密には該当しないものの当事者にとって機密性の高い情報を第三者に開示・漏洩させないため，また，営業秘密にかかる秘密管理性を確保するために NDA が締結されます。なお，NDA で保護される秘密情報の対象は，適切にその範囲を明確にする必要があります。

(3)　機密情報の具体的例

　システム開発に関する NDA の場合，機密情報とは，以下のような情報が考えられます。

ユーザ：　　　　経営戦略，財務情報，人事情報，社内規則，業務プロセス，現状の課題，業務要件，現行システムの情報等

システムベンダ：システム開発実績，技術情報，課題の解決策，手段，効果，スケジュール，体制，費用等

　より具体的に理解いただくために，従業員の勤務状況を管理するシステム開発を想定してください。その場合の機密情報は，それぞれ以下のような情報が

考えられます。

> ユーザ：　　　　　　就業規則等関連規則，現行システムの仕様等
>
> システムベンダ：パッケージソフトウェア仕様，類似システム開発実績等

(4)　NDA の主な規定

以下では，NDA の主な規定をご紹介します。

①　機密情報の特定

ユーザおよびシステムベンダは，開示する情報すべてを機密情報にしなくてもよい場合があります。たとえば，すでに公開されているような公知情報であれば，それを機密情報と同等に管理することは事実上不可能であったり，些末な情報も機密情報と同等に管理すると情報管理コストがかかるというデメリットがあります。したがって，契約相手や案件特性に応じて，機密情報の範囲を適切に特定することが必要となります。

②　機密情報の開示範囲

ユーザおよびシステムベンダは，相手方から開示された機密情報について，第三者に開示・漏洩等をしてはならない旨を定めます。しかし，監査等で会計士に提示することがあったり，弁護士に相談したりする場合も考えられるため，このような法令上守秘義務を負う者への開示は許容する場合もあります。また，システム開発で委託先ベンダが存在する場合には，当該委託先ベンダに開示する際のルールを定めることも一般的です。

③　機密情報の目的外使用の禁止

ユーザおよびシステムベンダが機密情報を開示する目的は，たとえばシステム開発の可能性を検討するためであり，それ以外の目的で機密情報を利用することは許容できません。このため，目的外の使用を禁止する規定を設けます。

④　契約期間後の取扱い

機密情報は，機密性の高い情報であるため，契約終了後は，破棄，返還，または消去するのが一般的です。また，破棄等をした場合であっても，機密情報はこれに接した人の記憶に残存し続けますので，契約終了後であっても，一定

期間内はなお守秘義務や目的外利用の禁止といった義務が存続する旨を定める必要があります。この存続期間の長さは機密情報の性質によっても異なりますが，永続的に義務を負い続けることは費用対効果の観点から現実的ではないので，情報が陳腐化するまでの期間を想定して限定することが合理的です。

1.3 コンサルティング

(1) コンサルティングとは何か

経営戦略，機関設計，営業戦略など，企業ではさまざまな場面で外部の専門家を利用してコンサルティングを受ける機会があります。システムに関するコンサルティングとしては「新しくシステムを導入するにあたってどのような業務をシステム化すると良いか」，「既存のシステムを新しくするにあたってどの範囲のシステムをどう更改すると良いか」などの内容があります。日本では，ユーザの業務内容に合わせて個別にシステムを構築することが主流で，前述のようなコンサルティングを行うことが一般的でしたが，近年では，単なるシステム化にとどまらずユーザの事業や業務内容の改善まで踏み込んだコンサルティングを行い，システム化に関する計画を策定するケースも増えています。また，ある程度システム化の計画が固まった段階で，ユーザがシステムベンダに対してRFPを発出する際に，RFPの作成を支援するためのコンサルティングを実施するようなケースもあります（その場合，ベンダ間の公平性を保つために，RFPの作成を支援したシステムベンダはRFPに基づく提案の実施が不可となるケースもあります）。

他には，先進的な技術を活用したサービス（たとえば，ここ2，3年で大きく注目を浴びているものとしては，AI（Artificial Intelligence）が情報処理を行う技術や，RPA（Robotic Process Automation）と呼ばれる，ソフトウェアが定型的な事務処理を自動的に実行するようなサービスがあります）によってユーザにどのような効果が得られるかを検証し提言する，といったコンサルティングも多く見られます。

コンサルティングを実施する際は，システムベンダのメンバがユーザのプロジェクトの一員としてともに作業を進めていくため，当該メンバがユーザの拠点に常駐することも少なくありません。小規模なプロジェクトでは数週間，大

規模なプロジェクトでは数カ月以上の時間をかけてコンサルティングを行うケースもあります。一般的には，コンサルティングが終了すると，明らかになった課題や解決策等を報告書（レポート）の形に整理してシステムベンダからユーザに提示します。

　このコンサルティングによって，ユーザは自社の経営課題や，それに対する解決プロセス，具体的な解決策を明らかにできます。システムベンダの中にはこのシステム化計画などに関するコンサルティングを特に得意としているベンダも存在します。なお，このシステム化計画のような，システムを実際に構築し始める前の工程のことを「超上流工程」と呼ぶこともあります。

(2)　コンサルティング契約の類型

　コンサルティングに関する契約は，準委任契約とすることが一般的です。

　2020年4月施行の改正民法で，準委任契約には履行割合型と成果報酬型の2つのタイプが設けられましたが，コンサルティングはベンダが有する専門的な知識，ノウハウ等の情報提供や，ユーザの現状に基づく指導や助言などを目的としていることから，その稼働（事務処理）に対して報酬を支払う履行割合型の契約が適しています。

　一方で，コンサルティングの結果を報告書（レポート）として提出することを合意することにより成果報酬型とする方法も考えられますが，その場合，コンサルティングの範囲，報告書（レポート）における記載内容や水準についてユーザとシステムベンダ間において認識を合致させておき，報告書（レポート）が仕上がった段階で「イメージと違うから報酬は支払えない」などとユーザとシステムベンダ間で争いが生じないように留意する必要があります。

(3)　コンサルティング契約の報酬額

　コンサルティング契約を履行割合型と成果報酬型のいずれのタイプとする場合でも，報酬額については，弁護士への委任契約によく見られるような，時間当たりの支払金額（単金）をあらかじめ定めておいて，実際の稼働時間に当該単金を乗じた金額で報酬額を確定させる，といった方法が標準的となります。

　あらかじめ報酬総額を定めてしまう固定制でコンサルティングを実施するこ

とも不可能ではありませんが，その場合，コンサルティングの範囲等が明確であってシステムベンダが作業量を高精度で見積もることができる必要があり，適用できるケースはある程度限定されます。

　また，民法改正の法制審議会における議論においては，成果報酬型の1つの例として，弁護士による訴訟代理人の受任の際の報酬額を，着手金と成功報酬の組み合わせにするケースが挙げられています。同様の報酬体系がシステムベンダの行うコンサルティングに当てはめられるかを考えてみると，たとえば，会社の事務処理効率化によるコスト削減を目的とした社内システムの更改に関するコンサルティングにおいて，報酬額を一定の固定額および実際に削減できたコストの一定割合相当の額の組み合わせ，といったケースはありえるかもしれません。ただし，これまではあまり採用されておらず，コスト削減額を正確に算出できるのか，算出できるとしてその額がコンサルティングの目的に照らしてユーザ，システムベンダ双方にとって妥当なものとなるかといった点を含めて実現可能性については慎重に検討する必要があります。

(4)　コンサルティング契約の主な規定

　その他，コンサルティング契約（に限らず他のシステム開発に関する契約でも共通するものが多いですが）の主な規定を紹介します。詳細は第Ⅱ部のシステム開発契約の条文解説をご参照ください。

①　役割分担

　ユーザとシステムベンダがそれぞれ行うべき役割を明確に記載します。ユーザの役割としては，たとえば，システムベンダの求めに応じて資料を提供したり，システムベンダからの質問を社内で確認したり，などが挙げられます。これにより，双方が相手の役割と考え着手されない作業（一例として，エンドユーザに対する詳細なヒアリングの実施など）が発生するリスクを予防します。

②　会議の開催

　作業に関してユーザとシステムベンダ間で認識齟齬が生じないように十分な意思疎通を図るため，進捗状況の報告，問題点の協議等を行う会議を確実に開催するための規定を設けます。なお，役割分担に含める場合もあります。

③　著作権

作成された報告書（レポート）等の著作権を，システムベンダに留保する規定です。これは，システムベンダが長い時間とコストをかけてさまざまなユーザに対し，最新の経営課題，解決プロセスとその解決策を実行する過程で得られた経験知に基づきコンサルティングを行うことから，必要な規定となります。

1.4　PoC

(1)　PoC とは何か

PoC とは Proof of Concept の略語で，その名のとおり，新しいコンセプトやアイデアが実現可能かどうか，また期待する効果や効用が得られるかといった点について検証を行うことを意味します。訳語としては，概念実証という用語が充てられるのが一般的ですが，実証実験と呼ばれることも多いです。

PoC それ自体は新しい概念ではなく，新薬の開発や研究を行う医療分野などでは以前から臨床試験の一環として用いる例が見られましたが，システム開発の分野において PoC の重要性が増してきたのは比較的最近のことです。その背景については，IT 技術が急激に進展しているという事実があるのは確かですが，その IT 技術を導入するユーザ側の事情として，これまで IT 分野への主な投資目的であった業務効率化だけではなく，売上拡大やサービス向上というビジネスの中心的な課題解決を目的として IT 技術を活用しようという動きが広がっていることも挙げられます。

(2)　システム開発における PoC

システム開発の現場では，さまざまな文脈で PoC という言葉が用いられることがあります。新たなシステムやサービスを開発する前提で，それらに用いられる新しい技術等がユーザを満足させるものかどうかを検証するためにプロトタイプ版を作成して必要なデータ等を収集するという PoC から，具体的にシステム開発を検討しているわけではないものの，実験的に新しい技術等を用いたシステムやサービスを試したいというトライアルのような PoC まで，その形態は多種多様です。したがって，PoC という言葉の意味内容を理解するには，用いられている文脈を正確に把握する必要があります。本書では，前述の新たな

システムやサービスを，プロトタイプ版や一部の店舗内に限定した形で使用して必要な情報収集を行うことを前提として PoC を解説します。

　ここでは，PoC のイメージを膨らませるために，NTT データが関与する PoC の実例を一部ご紹介します。たとえば，レジでの支払をせずに，決済手段を指定した QR コードで認証入店することで，手に取った商品をそのまま持ち帰ることのできる「レジ無しデジタル店舗出店サービス」という新サービスについて，NTT データが持つモデル店舗での体験を通じて興味を持ったユーザに対してサポートを行い，ユーザに実際に一部店舗を出店してもらった上で，作成したビジネスプランを一体となって仮説検証し，多店舗展開に向けた課題と対応方針を明らかにするという典型的な PoC があります。また，地域住民やユーザの要望，課題を把握し，安全で利便性の高い自動運転サービスの実現につなげることを目的に，自動運転サービスの開発を目指すユーザ等とともに，自動運転車両の運行に必要な，乗客からの配車依頼の受け付け，車両への走行指示，走行中の遠隔監視等を運行管制システムで提供し，公道で複数の自動運転車両を用いたオンデマンド移動サービスの PoC なども実施しています。

⑶　PoC の目的・意義

　前述の例でも明らかなように，PoC の目的は，新たなシステムやサービスについて，ユーザがイメージしている効果や効用がしっかりと得られるのか，新しい技術等を用いることに思わぬリスクは存在しないかといった観点から検証を行い，導入を検討しているシステムやサービスの事前確認を行いつつ，更なる課題を明らかにし改善につなげていくという点にあります。PoC が急激に流行してきたこともあってか，この目的が曖昧なまま PoC を実施し，成果を得られずに時間や労力，費用を浪費して失敗に終わる PoC も少なくないと言われています。PoC を成功させるには，明確な目的を持って，ユーザとシステムベンダの双方がよく認識を合わせて取り組むことがポイントになってきます。

　PoC を行うことで，ユーザとしては，自らの業務効率化やビジネスの拡大等につながるシステムやサービスを開発，導入可能かどうかの検証を事前に実施することができ，システム開発が大規模である場合には，そのメリットは大きくなります。他方，システムベンダとしても，ユーザの知見を活かしながら検

証を行い必要な情報を得ることで，ユーザをはじめとして世の中に対して真に必要なシステムやサービスの提供が可能となるというメリットがあります。

(4)　PoC 契約の必要性とその内容

　PoC を行う際も，契約を締結し関係者の合意内容を明らかにしておく必要があります。たとえば，PoC においては，費用を各当事者が持ち出しで行う場合もあれば，実施に対してユーザからシステムベンダに対価が支払われる場合もあり，どのような扱いとするかを決定しなければなりません。また，費用に関する事項以外にも，PoC の実施に先立ち合意すべき事項は少なくありません。PoC の目的はもちろん，その対象や期間，PoC 実施関係者間の役割分担，PoC に用いる情報や PoC で得られる情報の取扱い，PoC 実施過程で生じた著作物や発明に関する権利の帰属，PoC の最終段階で報告書等の何らかの成果物を必要とするか，PoC 実施の事実や実施結果を公表する際のルール，など合意しておくべき項目は多岐にわたります。

　さらに，PoC の実施結果によっては実施関係者との今後の協業を見直すという判断も十分ありえるところであり，PoC を実施するからといって将来的な関係までをも拘束するものではないという合意や，PoC が検証を行うために実施されるプロトタイプ段階のものであることから，完全性や有用性，適合性等を保証することができないことも多く，そういった点について実施関係者の免責

図表 2 - 2　PoC と NDA の違い

契約形態	契約の目的	契約上論点になりやすい事項
NDA（機密保持契約）	当事者間でやり取りする機密情報の保持，漏洩防止	・機密情報として扱う情報の範囲 ・開示可能な第三者の範囲 ・漏洩時の責任
PoC（実証実験）	新しい概念や理論，原理などが実現可能であることを示すために行う，当事者間の実証実験	・実施関係者間の役割分担 ・実施過程で生じた著作物や発明に関する権利の帰属 ・最終的な成果物の内容 ・PoC 実施の事実や実施結果を公表する際のルール ・情報の取扱い

を定める規定が挿入されることも実務上一般的です。

　NDA の締結のみで PoC に対応しようとするケースもあるようですが，NDA は機密情報の取扱いに関する取り決めであり，前述のような事項がカバーされているわけではないため，別途合意をする必要があります（**図表 2 − 2**）。

┌─ 事例紹介⑧ ─

PoC の失敗

　ある店舗を運営するユーザとシステムベンダが，IT を活用して店舗における接客に関して新たな取組みができないかについて，ユーザの実店舗で実施する PoC を実施しました。漠然としたところからスタートした PoC でしたが，さまざまな試行錯誤を行ううちに，最終的には特許となりそうな画期的なアイデアが生まれてきました。このアイデアについて，自らが独占して実施したいユーザと，自己のサービスとして幅広いユーザに提供したいシステムベンダ間で意見の相違が生じました。しかし，ユーザとシステムベンダ間では PoC の実施前にNDA しか締結されておらず，そのような場合の特許権その他の知的財産権の取扱い等に関しては何らの定めもなかったこともあって，両者の主張が平行線のまま時間だけが過ぎ，遂にはユーザの同業者が先に当該アイデアを実現してしまいました。このような事態を避けるため，PoC の実施前にあらかじめさまざまな事項を取り決めておくことが重要です。

---

(5)　PoC の留意点

　契約の必要性や内容のほか，PoC を実施する際には，実施内容が法令違反とならないかについても特に留意しなければいけません。私人間における通常の PoC は，産業競争力強化法に基づき認められている新技術等実証制度（いわゆるプロジェクト型サンドボックス）や新事業特例制度等とは異なり，国による関与がないため，当事者同士で適法性を確認する必要があります。特に，PoC の実施にあたり，ユーザが有する顧客の個人情報等を用いる場合，その PoC が利用目的外であれば，個人情報保護法に基づいて，原則として本人の同意を得ない限りシステムベンダに対して提供できません。このように，実施しようとする PoC によっては法令に抵触する可能性もあるため，十分留意が必要です。

1.5　開発，導入を検討しているシステム，サービスの適法性

(1)　適法性の確保

　PoC(1.4)の解説でも述べましたが，開発や導入を検討しているシステムやサービスの適法性の確認が必要なのは他のビジネスと同様です。昨今においては，システムを用いたサービスについて法令違反を指摘されるというニュースも目にするところであり，法務による適法性の確認の重要性は増しています。特に，最近では個人情報の保護に注目が集まっており，当該システムやサービスにおいてどのような情報を取り扱うことになるのか，情報の流れはどうなっているか，各過程でどのような扱いを受けるか等の観点から個人情報保護法上問題がないか，これまで以上に注意して適法性の確保に臨む必要があります。また，金融，医療，電気通信など各種業法により複雑な規制が存在する分野では，慎重な検討を要する場面も少なくないため，ユーザの属する業態の各種規制を意識する必要があります。

(2)　法務による関与

　このように法務による適法性の確認の重要性が増しているものの，システム開発の分野では，ユーザの社内プロセスとしてIT部門等が案件を主導し，契約段階になって初めて契約書が法務に審査に回ってくる状況も珍しくないのが現状ではないでしょうか。このような現状の改善はシステム開発分野に限られる話ではないかもしれませんが，システム開発を成功に導くためには，提案する内容について適法性を含めてシステムベンダが精査することはもちろんのこと，ユーザにおいても，システムの企画検討段階から可能な限り法務担当者が関与し，適法性を担保しつつ不要な手戻りがないようにプロジェクトを進めていくことが重要です。

2　発注前フェーズとシステム開発契約

2.1　提案・見積段階から契約締結までの流れ

　システム開発では，契約締結に至るまでに，前述のとおり，システムベンダがユーザに提示する RFP を基に提案書を作成し，複数社とのコンペにより受注したり，ユーザから指名されたシステムベンダが見積書にて契約金額やどういったソフトウェアやハードウェアを使用するか，いつまでに開発できるか等の諸条件を定めて提示することから始まります。ユーザは，受領した提案書や見積書に基づき，自己の意見をシステムベンダに伝え，それに対してシステムベンダが対応しながらシステム開発の具体的な内容を詰めたうえで，契約内容について交渉していき，両者合意できる段階になって契約締結に至ります。システム開発における交渉は，目に見えない商品についてお互いの認識をすり合わせて合意形成することになります。両者の認識にずれがないのか明確にはわかりにくいため，通常のビジネスよりも難しく，時間を要します。

　なお，提案・見積段階では，契約条件について後で合意すればいいと考えることもありますが，後の段階になればなるほど，開発完了日を踏まえたスケ

図表 2 - 3　合意の余地と合意の熟度

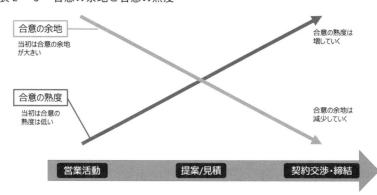

ジュールに追われ，交渉時間がなくなることが多いです（**図表2－3**）。しかし，契約条件はどちらが責任を負担するかにも関わり，契約金額にも影響するため，両者譲れない点を争うことになり，交渉が難航する場合もめずらしくありません。そのため，ユーザにとってもシステムベンダにとっても，できる限り早期から契約条件の交渉をすることが望ましいといえます。

2.2　契約締結前の作業着手

　契約条件の交渉に難航したり，契約締結の事務作業や社内手続に時間がかかることも少なくありません。開発完了日の後ろ倒しが許容されない場合であれば，契約締結前にもかかわらず，システムベンダが作業着手せざるを得ないという状況に陥ることがあります。作業着手後すぐに契約締結できれば問題は生じませんが，契約締結前にユーザがシステムベンダへの発注を取りやめにした場合などには，争いが生じます。

　争点として，まず，契約の成立自体が争われることがあります。システムベンダとしては作業に着手していることから，その分の報酬や損害賠償をユーザに請求することになり，その前提として請負契約または準委任契約が成立していることが必要となるためです。他方，契約が成立していない場合，ユーザとしてもシステムベンダが想定どおりの作業を行っていなかったとしても責任を追及できないことになります。

　法律上，契約は，申込と承諾の意思表示の合致により成立し，書面である必要はなく，口頭でも成立します（**図表2－4**）。しかし，ビジネス上では，契約書という書面で双方の正当な権限者の記名押印を経て締結されているかが重要となります。名古屋地判平成16年1月28日（判タ1194号198頁）では，裁判所は，システムベンダからユーザに対する提案書提出を契約の申込とは認めず，ユーザからシステムベンダに対して送付した採用通知は契約の承諾とは認められないとして，契約の成立を否定しています。その他，多くのIT関連の裁判例では，契約書による契約締結がされていない場合，契約の成立に否定的です。

　次の争点として契約締結上の過失が挙げられます。契約が締結されていないと判断される場合においても，ただちにユーザの責任がなくなるわけではない点には注意が必要です。契約締結上の過失とは，契約自由の原則からすれば，

図表 2 - 4　契約の成立

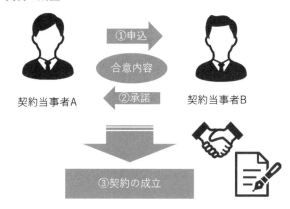

ユーザとシステムベンダはそれぞれ交渉を中断し契約締結しないという選択を
する自由があるものの，信義則に照らして，誠実とは言えない交渉破棄によっ
て相手方が損害を被った場合には，交渉破棄した当事者に賠償責任を負わせる
という法理です。東京地判平成20年 7 月29日（公刊物未掲載，平成18（ワ）11451）
では，ユーザがシステムベンダに対して契約締結をすることについて強い期待
を抱かせるに相当の理由があったとし，ユーザに契約締結上の過失があったと
してユーザの損害賠償義務を認めました。この裁判例では，システムベンダを
1 社に限定して作業が相当程度進行していたこと，他社への委託可能性をシス
テムベンダに秘匿したこと，システムベンダに対して作業着手を申し出たこと，
ユーザの事情によりそれを撤回したことが契約締結上の過失に該当すると判断
されました。
　以上のように，契約書がない中での着手は，後々争いとなった際に争点とな
ることが多々あることから，原則としては避ける必要があります。しかし，ど
うしても先行着手せざるを得ない場合，次善の策として仮発注書に基づいてシ
ステムベンダが作業着手するという選択肢を取ることも考えられます。
　仮発注書の一般的な記載例については，経済産業省がモデル契約を公表して
いるので参考に掲載（52頁書式参照）しておきます[1]。なお，合意書の中に「別
添」とある部分については，筆者が括弧内で一般的に記載される内容を注記し
て添付を省略しています。また，合意書の中で「モデル契約」とあるものは経

済産業省が同一の資料内で提示している「ソフトウェア開発委託モデル契約書」
を意味していますが本書への添付は省略します[2]。

1　独立行政法人情報処理推進機構（IPA）・経済産業省「情報システム・モデル取引・契約
　　書（受託開発（一部企画を含む），保守運用）＜第二版＞」172頁以下
　　https://www.ipa.go.jp/ikc/reports/20201222.html
2　前掲注1　71頁以下

【書式：仮発注合意書例】

仮発注合意書

委託者：ユーザ（以下「甲」という。）と受託者：ベンダ（以下「乙」という。）とは，コンピュータソフトウェアの開発に係る業務の委託に関して，次のとおり仮発注に関する合意書（以下「本合意書」という。）を締結する。

（基本的合意）
第1条　本合意書は，甲が，別添1（筆者注：具体的作業内容である範囲や仕様が記載されます）のコンピュータソフトウェア（以下「本件ソフトウェア」という。）の開発に係る業務（以下「本件業務」という。）を乙に委託することを前提として，本件業務の委託に関する正式な契約（以下「正式契約」という。）の締結交渉の基礎となる事項を定めるものである。

2．正式契約における条項は，本合意書に別段の定めのない限り，別添2のモデル契約書（筆者注：経済産業省公表の「ソフトウェア開発委託モデル契約書」）を基礎にして必要な修正を加えることにより定めるものとする。

（乙の仮作業の遂行及び対価）
第2条　甲及び乙は，本件業務について乙が○年○月に作業（以下「本件仮作業」という。）を開始したことを確認する。

2．正式契約締結までの間は，本件仮作業については本合意書を適用するものとする。

3．正式契約締結に至らなかった場合，甲は，乙に対し，それまでの間に乙が行った本件仮作業の対価として，別に定める額を支払うものとする。

（本合意書の有効期間）
第3条　本合意書は，正式契約が締結されるまでの間効力を有するものとする。

2．本合意書の有効期間中，乙は，本件仮作業を継続して行うことができ，その対価は前条第3項によるものとする。

3．甲及び乙は，正式契約を締結することができないと判断した場合，○日前に書面でその旨を相手方に通知することにより，本合意書を終了することができる。

（正式契約締結の時期）
第4条　甲及び乙は，本合意書の締結後○日以内に正式契約が締結されるよう双方誠実に協議するものとする。

（モデル契約の準用）
第5条　本合意書には，その性質に反しない限り別添2のモデル契約書（筆者注：経済産業省公表の「ソフトウェア開発委託モデル契約書」）の規定を準用する。但し，本合意書に別段の定めがある場合はこの限りでない。

（知的財産権の帰属）
第6条　本合意書の締結により，甲又は乙が本合意書締結以前から保有していた知的財産権について，相手方に対して何らかの権利が譲渡され，実施権が設定され又は利用権が許諾されることはないものとする。

（正式契約の締結交渉に関する費用）
第7条　正式契約の締結交渉に関連して支出した弁護士，会計士，システム監査人等に対する費用，及び＿＿＿の費用は，甲乙各自の負担とするものとする。

2．3　提案書・見積書

(1)　提案書・見積書とは

　提案書・見積書は，ユーザとシステムベンダの立場の違い，それぞれの専門領域の違いから，捉え方が異なる場合があります。具体的には，システムベンダにとっては，ユーザに採用されるためのアピールという側面がある一方で，ユーザにとっては，システムベンダの選定における現実的な判断材料であり，このような捉え方の違いから，両者間での認識齟齬を生じさせないように，お互いにコミュニケーションを図り，合意形成することが求められます。

(2)　提案書・見積書の具体的な内容

　提案書や見積書の具体的記載内容としては，**図表2－5**のとおり，技術的な面だけではなく，契約に関する内容まで多岐にわたります。

(3)　提案書・見積書の法的拘束力

　提案書・見積書は，一方的にシステムベンダがユーザに提示するものなので，それ自体に法的拘束力はありません。しかし，契約書において「○年○月○日付提案書に従って〜」と定めて合意の対象とすることで，法的拘束力を持たせ

図表2－5　提案書や見積書の具体的記載内容

- 見積をする際にユーザが提出した書類
- 開発スケジュール
- 契約形態（請負，準委任，サービス提供型など）
- 見積の範囲内の事項，範囲外の事項
- 権利関係（システム開発中に生じた発明等の権利を誰の帰属とするか等）
- 作業環境（ユーザの環境で実施するのであればその旨の記載等）
- プロジェクトの体制
- 納品物
- 納品・検収方法
- 契約不適合責任
- ユーザで対応が必要な事項（ユーザの社内システムの開発の場合であれば，社内ルールや使用感等をユーザが情報提供しないと，システムベンダは把握できないので，ユーザにも情報提供等協力が不可欠な部分がある）

ることもできます。他方，単独の提案書・見積書自体は，法的拘束力はないものの，契約での合意内容が明らかでない場合に合意形成の経緯や合意内容を推し量るうえでは一定の役割を果たします。

(4)　見積が難しい理由

　システム開発は一般的なビジネスと比較して，見積が難しいといわれています。なぜなら，作るべきものが目に見えず，見積段階ではまだ全容が決まっていないからです。ユーザとしては，提案書に記載されているとおりに作ってもらえれば問題ないと考えるかもしれませんが，提案書にすべての機能や要件が記載されているわけではなく，システムベンダからすれば，開発が始まっていない段階では，詳細の機能や要件が把握できないことが通常です。また，開発を進めるうちにユーザの要望が変更されたりすることにより，工程の増加等が発生し当初の見積から金額がずれることも少なくありません。大規模なシステム開発であればあるほど，最初の段階ではわからない事情（例：ユーザからの情報を前提に使用するパッケージソフトウェアを選定したものの，開発が進むなかで流用できないことが判明する等）が発覚する可能性も高まります。

2.4　多段階契約と一括契約

(1)　多段階契約と一括契約

　ウォーターフォール型のシステム開発においては，要件定義，設計，製造，試験，移行，そして運用・保守といった形で作業フェーズが分かれており，各フェーズで作業内容が異なるものの，各フェーズの作業結果が次のフェーズにおける作業に順次利用されていきます。また，システム開発においては，どのような機能をもったシステムとするのか，システムの性能はどの程度にするかといった点等を固める要件定義工程が完了するまでは開発すべき対象システムの仕様が明らかではないといった特徴があります。こうした特徴を反映して，システム開発に関する契約については，全体の工程をいくつかのフェーズに分割し，フェーズ単位で契約締結を行う方式（分割発注，多段階契約またはフェージング契約）が用いられるのが一般的です。他方，プロジェクトの性質によっては，全体の工程を1つとして契約締結を行う方式（一括発注，一括契約）が

用いられる案件も存在します。以下では両者のメリットとデメリットを見ていきます[3]。

(2)　多段階契約のメリット・デメリット

①　ユーザのメリット・デメリット

システム開発においては，案件が始まる時点で，システムベンダが正確な見積を出すのは難しいことは前述のとおりです。この点，多段階契約では，前工程までの作業結果に基づいて次工程にかかる費用を見積もることが可能であり，ユーザはシステムベンダから正確な見積の提示を受けたうえで各工程ごとの契約を締結することができます。また，一括契約の場合に比して，どういう作業に対してどれくらいの費用がかかっているか一目でわかるため交渉のしやすさや，納得感があります。

他方で，契約ごとの交渉や締結作業が発生してしまう点や，最初の契約時にはプロジェクト全体の契約金額が確定しないことがデメリットとなりえます。

②　システムベンダのメリット・デメリット

一括契約の場合と比べて，正確な見積を提示することが可能となり，誤った見積を提示する確率が低くなります。また，プロジェクト途中のユーザからの仕様変更の要望にも柔軟に対応しやすいというメリットもあります。さらに，多額の費用が発生する大規模プロジェクトでも，工程ごとに契約金額を設定することが可能なため，無理なく継続的に作業を行うことができます。

一方で，最初の契約時に契約金額が確定していないことはデメリットにもなりえるとともに，契約ごとの交渉や締結作業が発生してしまう点はユーザと同様です。

(3)　一括契約のメリット・デメリット

①　ユーザのメリット・デメリット

多段階契約の裏返しになりますが，契約締結が1回で済むとともに，契約時に契約金額の総額が確定できる点がメリットとなります。もっとも，この契約

3　松島淳也『システム開発紛争ハンドブック〔新版〕』第一法規（2018）32頁以下

金額は，正確な見積が難しい段階でシステムベンダが提示してきた金額であり，無理な見積で開発を進めた結果，プロジェクトが頓挫してしまい双方にとって不幸な結果につながる可能性も否定できません。また，システムベンダが保守的な見積をしてしまう結果，契約金額が高額になってしまう可能性があることも大きなデメリットといえるでしょう。

②　システムベンダのメリット・デメリット

契約金額が契約時に明確となる点はシステムベンダにとってもメリットといえます。しかし，契約時に全貌が明らかになっていないのがシステム開発の特徴であることは再三言及しているとおりで，開発に着手した後，システムの仕様を変更したいという要望がユーザ側から出てきた場合に，システムベンダは当初の見積金額の範囲内で対応する努力をしますが，契約金額に応じて人員の確保などを行っているため，その範囲を超えてしまう場合には，変更に応じることができなくなるといったデメリットもあります。

⑷　どちらを選択するか

ユーザとシステムベンダにとってそれぞれメリットとデメリットがあり，どちらが正解という決まった結論があるわけではありません。もっとも，システム開発の特徴を考慮して，経済産業省が多段階契約を採用していること[4]，後述（第3章第3節以下）する作業内容に応じた適切な契約類型を選択できること等の背景もあり，多段階契約が用いられる例が多いです。他方で，要件定義が完了している場合や，開発規模が小さく全体の見通しが立ちやすい場合などには一括契約が用いられることもあります。ユーザとシステムベンダはその案件の性質をよく見極めたうえで，契約の方法を決定する必要があります。

⑸　システム開発の契約構成

システム開発の契約単位をどのように定めるべきかについては，すでに解説したように多段階契約と一括契約というオプションがありますが，ここではさらに業務の性質を踏まえた契約の構成や種類について解説を加えます。

4　前掲注1参照

図表2-6　基本契約と個別契約，一括契約

■基本契約と個別契約（多段階契約）

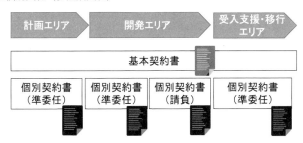

■一括契約

　まず，多段階契約を選択した場合，すべての工程に共通して適用される条項をまとめた「基本契約」を締結したうえで，業務内容や契約金額といった各工程の特性を反映させた「個別契約」を締結してプロジェクトを進めていくことが一般的です。

　一括契約の場合には，当然ながら一本の契約で当該システム開発の条件等を条文化していくことになります（図表2-6）。

⑹　システム開発契約の性質

①　請負契約と準委任契約

　システム開発契約の性質，つまり，民法上の典型契約のどれに分類するかという議論は古くから行われています。システム開発契約は請負契約であるとする考え方，準委任契約であるとする考え方，どちらかに分類することは困難であるとして非典型契約と整理する考え方などがありますが，実際のシステム開発は請負契約と準委任契約の要素を組み合わせていることが一般的です。

図表2－7　請負と準委任の比較

	請負	準委任
内容	仕事の完成	事務の処理
責任	仕事完成義務 契約不適合責任	善管注意義務
再委託	原則可	原則不可
報酬	目的物の引き渡しと同時履行	委任事務を処理した後
任意解除	完成前は可。ただし，損害賠償義務あり。	可。ただし，不利な時期の解除などは損害賠償義務あり。

　請負契約の本質は仕事の完成を内容とするものであるのに対し，準委任契約の本質は事務の委託を内容とするものであり，契約書の名称を「請負契約/準委任契約」としたり，契約書内で「本契約は請負契約/準委任契約である」と記載したりさえすればそのとおり契約解釈がされるものでもありません。また，請負，準委任に関する民法の規定は任意規定であることが大半であり，案件の特性を勘案して契約によって上書きすることも可能です。この分類論に拘泥することなく，個別案件ごとに精緻に契約内容を分析することが重要です。

　請負契約と準委任契約の主な比較は**図表2－7**のとおりです。準委任契約はシステムベンダが仕事の完成義務を負わないのでシステム開発に対する責任感が軽くなってしまうのではという考え方もあるようですが，準委任契約であっても契約上の責任（善管注意義務）を負うこともありそのようなことはありません。

　どちらの契約が適しているかは，業務の内容（契約の目的）に依拠しますが，ユーザとシステムベンダのどちらが主体的にその工程を実施するかといった観点から検討すべきです。すなわち，ユーザが主体的に業務を遂行しシステムベンダはその支援を行う場合には準委任契約，システムベンダが独立的に業務を遂行し，ユーザはシステムベンダの要請に応じた協力を行う場合には請負契約を選択します。各工程の業務の詳細は後述（第3章第3節以下）のとおりですが，それらをまとめると**図表2－8**のとおりです。

　なお，システム開発で基本契約/個別契約や多段階契約という方法が多く用いられているのは，システムベンダのみならずユーザの協力がなければ遂行できな

図表 2 － 8　工程ごとの作業主体

工程	主体	契約形態
要件定義	ユーザ	準委任
外部設計	ユーザ（or システムベンダ）	準委任（or 請負）
内部設計	システムベンダ	請負
製造	システムベンダ	請負
単体試験	システムベンダ	請負
結合試験	システムベンダ（or ユーザ）	請負（or 準委任）
総合試験	ユーザ（or システムベンダ）	準委任（or 請負）
移行	ユーザ	準委任

いというシステム開発の特殊性やシステム開発における業務内容の多面性を一口に請負か準委任かという二者択一で決定できないことの表れであり，これについては経済産業省，一般社団法人情報サービス産業協会(JISA)，一般社団法人電子情報技術産業協会（JEITA）等のモデル契約書でも多く言及されています。

　②　成果完成型準委任の適用

　システム開発に関する準委任契約についても，コンサルティングに関する契約と同様に，その稼働（事務処理）に対して報酬を支払う履行割合型の契約が適しています。

　成果報酬型とする場合には，成果をどう評価するかについてユーザとシステムベンダ間において認識を合致させておき，事後的にユーザとシステムベンダ間で争いが生じないように留意する必要があります。

2.5　スクラッチ開発とパッケージベース開発

　スクラッチ開発とは，オーダーメイドでゼロからオリジナルのシステムを開発する方法です。スクラッチ開発の対義語はパッケージベース開発（PKG 開発）といって，システムの基礎となる部分に，パッケージソフトウェアを用いる開発方法です。イメージは次頁の**図表 2 － 9**のとおりです。

　どちらの方法を選択するかはやはりそのシステム開発の案件特性に応じて決めることになります。スクラッチ開発は，ゼロからオリジナルのシステムを作っ

図表 2 － 9　スクラッチ開発と PKG 開発のイメージ

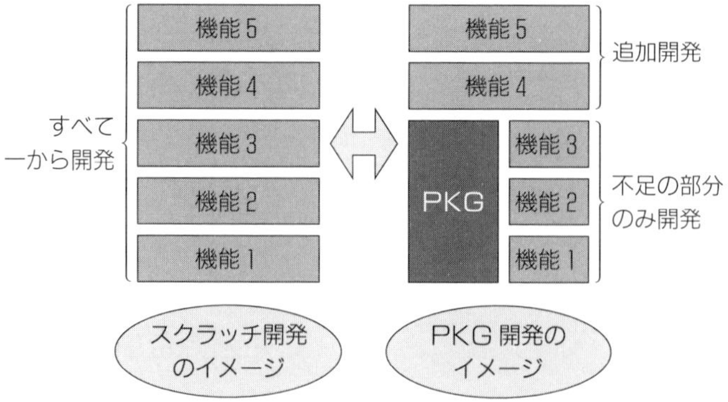

ていくことになるので，当然ながらユーザが望むような機能や仕様を色濃く反映させたシステムを構築することが可能です。もっとも，パッケージソフトウェアを用いない分，PKG 開発よりも時間や費用がかかってきてしまうことは否定できません。

　他方，PKG 開発はすでにあるパッケージソフトウェアを用いながらシステムを構築していくので，開発に要する時間と費用を削減することが可能です。また，パッケージソフトウェアがすでに完成しているため，完成形のイメージも持ちやすいという面もあります。しかし，パッケージソフトウェアは機能や仕様が画一的であることも多く，ユーザの求める機能や仕様が備わっておらず，ユーザの業務に合致しない場合もあります。また，ユーザの業務に合致するようにある程度のカスタマイズが可能だとしても，そのカスタマイズにコストが嵩むようでは PKG 開発のメリットが減殺されてしまいます。

　どちらを選択するかは，パッケージソフトウェアの標準機能がユーザの希望とどの程度マッチしているのかを十分に見極めたうえで（この見極め作業を一般的に「Fit&Gap 分析」といいます），コスト面も勘案しながら決定していくことになります。メリットとデメリットのまとめは**図表 2 －10**のとおりです。

　なお，コスト面等を優先して PKG 開発を実施する場合，パッケージソフトウェアをユーザの業務にあわせてカスタマイズするという方法を先に説明しましたが，パッケージソフトウェアの機能にあわせてユーザの業務を見直すとい

図表2−10　スクラッチ開発とPKG開発のメリット・デメリット

	スクラッチ開発	PKG開発
メリット	・ユーザのイメージに近いシステムを自由に構築できる ・独自性の高いシステムにより，競合他社との優位性を生み出せる	・開発期間やコストを軽減できる ・パッケージソフトウェアの形が見えているので最終形がイメージしやすい ・同じパッケージソフトウェアの利用者によるバグなどの報告が多く，品質の安定性が高い
デメリット	・コストと時間がかかる ・ゼロベースであるため，ユーザのイメージと大きく異なるシステムが構築される可能性がある	・ユーザの業務見直しが必要となる ・パッケージソフトウェアに不要な標準機能があっても個別に取捨選択できない ・カスタマイズの内容次第ではコストが膨らむ

う方法も存在します。これもBPRの一環であり，システムを変えるのではなく，思い切ってユーザの業務フローをパッケージソフトウェアに合致させる姿勢もときには必要となります。

2.6　システムベンダのプロジェクトマネジメント義務とユーザの協力義務

(1)　総論

　システム開発には成功事例だけではなく，失敗事例とされるケースも少なくなく，ユーザ，システムベンダ間で裁判にまで発展する例もあります。近年のシステム開発訴訟の事例を見ると，前述した民法の典型契約たる「請負」や「準委任」といった契約類型への当てはめではカバーできないユーザとシステムベンダの関係が生まれており，その実態を勘案した新たな権利義務関係の構築が試みられています。裁判所は，システム開発に関する紛争を解決するために，システムベンダのプロジェクトマネジメント義務（PM義務）とユーザの協力義務という概念を用いており，本項ではその概念について解説します。

(2)　PM義務の内容

　PM義務やユーザ協力義務という用語が判決に初めて登場したのは，東京地

判平成16年 3 月10日（判タ1211号129頁）です[5]。事案の概要は，国民健康保険組合（ユーザ）がシステム開発会社（システムベンダ）に対して電算システムの開発を委託したものの，当該システムが納期までに完成しなかったことから，ユーザがシステムベンダに対して，債務不履行に基づき契約を解除し，支払済であった委託料の返還に加えて損害賠償を求めたというものです。なお，被告であるシステムベンダも，納期までに完成しなかったのはユーザが協力をしなかったことによるものとして，損害賠償を求める反訴を提起しています。本判決の中で東京地方裁判所は以下のとおり，PM 義務と協力義務に言及し，注目を集めました。

　被告（システムベンダ）は，納入期限までに本件電算システムを完成させるように，本件電算システム開発契約の契約書及び本件電算システム提案書において提示した開発手順や開発手法，作業工程等に従って開発作業を進めるとともに，常に進捗状況を管理し，開発作業を阻害する要因の発見に努め，これに適切に対処すべき義務を負うものと解すべきである。そして，システム開発は注文者と打合せを重ねて，その意向を踏まえながら行うものであるから，被告（システムベンダ）は，注文者である原告国保のシステム開発へのかかわりについても，適切に管理し，システム開発について専門的知識を有しない原告国保によって開発作業を阻害する行為がされることのないよう原告国保に働きかける義務（以下，これらの義務を「プロジェクトマネージメント義務」という。）を負っていたというべきである。

　そして，システムベンダが行うべき具体的な内容として，以下のとおり判示しました。ここからわかることは，システムベンダは，ユーザに対して，単に意思決定を求めるだけではなく，意思決定が必要な事項や懸念点や課題点を説明したり，ユーザから追加要求があった場合には，それを鵜呑みにすることなく，プロジェクトへの影響等を勘案して，ユーザに対しても必要な対応を求め

5　本書で取り上げる裁判例の他にも PM 義務やユーザ協力義務が争点となった裁判例（各義務と同趣旨と思われる義務が説明されている裁判例を含む）として，東京地判平成 9 年 9 月24日（判タ967号168頁），東京地判平成15年11月 5 日（判時1857号73頁），札幌高判平成29年 8 月31日（公刊物未掲載，平成28(ネ)189）およびその原審である旭川地判平成28年 3 月29日（公刊物未掲載，平23(ワ)99・平23(ワ)148）などがあるので，適宜参照されたい。

たりする行動が求められているということです。

　　原告国保のシステム開発へのかかわりについての管理に関して，より具体的に説明すれば，被告（システムベンダ）は，原告国保における意思決定が必要な事項や，原告国保において解決すべき必要のある懸案事項等について，具体的に課題及び期限を示し，決定等が行われない場合に生ずる支障，複数の選択肢から1つを選択すべき場合には，それらの利害得失等を示した上で，必要な時期までに原告国保がこれを決定ないし解決することができるように導くべき義務を負い，また，原告国保がシステム機能の追加や変更の要求等をした場合で，当該要求が委託料や納入期限，他の機能の内容等に影響を及ぼすものであった場合等に，原告国保に対し適時その旨説明して，要求の撤回や追加の委託料の負担，納入期限の延期等を求めるなどすべき義務を負っていたということができる。

⑶　協力義務の内容

　　もっとも，同判決はシステムベンダに一方的な義務を課して，ユーザはシステムベンダに対してすべてを任せていれば良いと判断したものではなく，ユーザが果たすべき協力義務についても次のように判示しています。

　　本件電算システム開発契約は，いわゆるオーダーメイドのシステム開発契約であるところ，このようなオーダーメイドのシステム開発契約では，受託者（システムベンダ）のみではシステムを完成させることはできないのであって，委託者（ユーザ）が開発過程において，内部の意見調整を的確に行って見解を統一した上，どのような機能を要望するのかを明確に受託者に伝え，受託者とともに，要望する機能について検討して，最終的に機能を決定し，さらに，画面や帳票を決定し，成果物の検収をするなどの役割を分担することが必要である。このような役割を委託者である原告国保が分担していたことにかんがみれば，本件電算システムの開発は，原告国保と受託者である被告（システムベンダ）の共同作業というべき側面を有する。

　　そして，本件電算システム開発契約の契約書…において，「被告（システムベンダ）は，原告国保に対し，委託業務の遂行に必要な資料，情報，機器等の提供を申入れることができる。資料等の提供の時期，方法等については，原告国保と被告（システムベンダ）が協議して定める。」旨定め，…「原告国保の協力義務」として，「被告（システムベンダ）は，…委託業務

の遂行に原告国保の協力が必要な場合，原告国保に対し協力を求めることができる。この協力の時期，方法等については，原告国保と被告（システムベンダ）が協議して定める。」旨定めており，原告国保が協力義務を負う旨を明記している。

　したがって，原告国保は，本件電算システムの開発過程において，資料等の提供その他本件電算システム開発のために必要な協力を被告（システムベンダ）から求められた場合，これに応じて必要な協力を行うべき契約上の義務（以下「協力義務」という。）を負っていたというべきである。

(4)　契約締結前段階での PM 義務と協力義務

　上記判決のほか，東京高判平成25年 9 月26日（金判1428号16頁）は PM 義務と協力義務は契約締結前段階でも発生しうるものであることを判示しています。本件は，銀行（ユーザ）がシステム開発会社（システムベンダ）に対して，銀行業務の基幹システムの開発を委託し，システムベンダは海外パッケージソフトウェアを用いての開発を提案し受託したものの，途中で当該パッケージソフトウェアの利用が困難であることが発覚し，開発が頓挫してしまったことから，ユーザがシステムベンダに対して，債務不履行および不法行為に基づき損害賠償を求めたという事案です。これらの裁判例から，PM 義務や協力義務は，契約前段階においては信義則に基づく不法行為法上の義務，契約締結後はシステム開発契約に付随する信義則上の義務または信義則に基づく不法行為法上の義務と考察されています[6]。

　企画・提案段階においては，プロジェクトの目標の設定，開発費用，開発スコープ及び開発期間の組立て・見込みなど，プロジェクト構想と実現可能性に関わる事項の大枠が定められ，また，それに従って，プロジェクトに伴うリスクも決定づけられるから，企画・提案段階においてシステムベンダに求められるプロジェクトの立案・リスク分析は，システム開発を遂行していくために欠かせないものである。そうすると，システムベンダとしては，企画・提案段階においても，自ら提案するシステムの機能，ユーザのニーズに対する充足度，システムの開発手法，受注後の開発体制等を検討・検証し，そこから想定されるリスクについて，ユーザに説明する義務があるというべきである。このようなシステムベンダの検証，説明等

6　前掲注 3　松島（2018）109頁

に関する義務は，契約締結に向けた交渉過程における信義則に基づく不法行為法上の義務として位置づけられ，控訴人はシステムベンダとしてかかる義務（この段階におけるプロジェクト・マネジメントに関する義務）を負うものといえる。

⑸　裁判例を踏まえた対応

　これらの裁判例を踏まえると，PM 義務は「システムの完成に向け，プロジェクトのリスクをユーザに説明しつつ，合意された手法・スケジュールに従って開発を進め，進捗管理・阻害要因への対処のみでなく，ユーザに対し開発が円滑に進むようプロとして働きかけを行うシステムベンダの義務」であり，ユーザ協力義務は「システムの完成に向け，自らプロジェクトのリスクを分析しつつ，社内の意見調整やシステムベンダの求める情報提供を随時行いながら，システムに求める機能を決定し，完成したシステムが要求した機能を満たしているか確認するユーザの義務」といえます。PM 義務やユーザ協力義務は，そもそも民法等の法令には明文化されていないのは当然として，ほとんどの裁判例において，当事者間でこのような義務を負うことが契約上明確に合意されていたわけではなく，裁判所が個々のプロジェクトごとに実態を勘案しつつ，当事者の合理的意思解釈として実態との乖離を埋めるために観念してきたものです。そのため，これらの義務の具体的内容については，個々の事案を離れて客観的に説明することが容易ではなく，一般に通用するような原理や定義を導き出すことが難しい規範的なものであり，プロジェクトの実態によってはこれらの義務の内容も変わってくるものと考えられます。過去の裁判例からユーザまたはシステムベンダとしてそれぞれ求められる義務を学び，各プロジェクトにおける実態を正確に把握した上で，それに応じた互いの役割や義務をできる限り詳細に把握し，適切なリスク分析とそのヘッジを考えていくことを通じて，本質的なリスクを見極めることが必要です。

2.7　マルチベンダ方式における責任の考え方

　システム開発ではマルチベンダ方式が多く採用されることは前述しましたが，この場合，システムベンダが複数存在し，それぞれのシステムベンダ間では全体を把握することが困難であることや，システムベンダ間での整合性を取りな

図表 2 −11　マルチベンダ方式（図表 1 − 7 再掲）

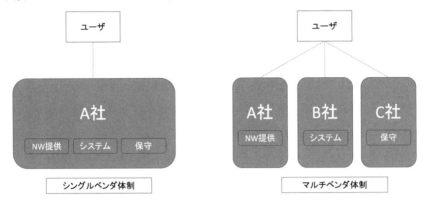

　がら開発を進めていくことが容易ではないといった理由から，PM 義務を考え
る上では単一システムベンダの場合と異なる配慮が必要となります。
　マルチベンダ方式の場合には，全体の状況を俯瞰的に把握しそれぞれのシス
テムベンダを管理できるユーザに，PM 義務を果たすことが期待されます（**図表
2 −11**）。もちろん，合意に基づいて，特定のシステムベンダに PM 義務を果た
してもらうことも可能と考えられますが，複数システムベンダ間には契約がな
いことが通常であり，誰がどのような PM 義務を負うか責任の所在が不明確に
なることもありえます。そのような状況がプロジェクトの遅延やコスト増を招
くおそれもあるため，ユーザとしては，一切の PM 義務を免れると考えるべき
ではなく，マルチベンダ方式の場合には，そのような事態に陥らないよう特に
留意してシステム開発に臨む必要があります。

3　システム開発契約において留意すべき その他の領域

3.1　オープンソースソフトウェア（OSS）

(1)　OSS とは何か

　オープンソースとは，プログラミング言語で記載されたソースコードを誰で

も確認できるように公開し，誰でも扱って良いとする考え方で，OSS とは，オープンソースを用いて作成されたソフトウェア，平たく言うと，一定の条件のもとで誰でも自由に無料で使用したり改変したりできるソフトウェアのことです。オープンソースイニシアティブ（OSI）というオープンソースの促進を目的とする世界的な団体では，オープンソースを以下の10要件を満たすものとして定義しています。

---

(1)　特段の制約なく無料で自由に再配布できること（Free Redistribution）

(2)　改変しやすい形式のソースコードを含むこと（Source Code）

(3)　改変物や派生物を作成し配布できること（Derived Works）

(4)　ソースコードの作成者や改変者を明らかにすること（Integrity of The Author's Source Code）

(5)　個人や団体ごとに異なる制約を課さないこと（No Discrimination Against Persons or Groups）

(6)　商用や研究目的など用途による制約を設けないこと（No Discrimination Against Fields of Endeavor）

(7)　再配布を受ける全ての者が等しく権利を享受できること（Distribution of License）

(8)　全ての製品に等しく制約を課すこと（License Must Not Be Specific to a Product）

(9)　他のソフトウェアに制約を課さないこと（License Must Not Restrict Other Software）

(10)　技術的に中立的な制約を課すこと（License Must Be Technology- Neutral）

　また，アメリカ国防総省では，OSS を「人間が認識可能なソフトウェアのソースコードが，そのソフトウェアの利用者によって，使用，習得，再利用，改変，機能強化，再配布のために利用可能とされているソフトウェア」と定義しています[7]。

(2)　OSS はなぜ存在するか

　世の中には，さまざまな機能を有する OSS が存在しており，また，技術者が OSS を開発するケースの他に，企業が自らの製品を OSS 化するケースもあります。「なぜわざわざ製品のソースコードを公開して OSS 化する必要があるのか」，「誰でも利用可能となることによって収益化できないのではないか」という疑問が浮かぶかもしれませんが，OSS 化には主に次のようなメリットがあります。

<OSS を開発する技術者のメリット>
- ソースコードを分析したり改変に参加したりすることによってスキルを向上させることができる
- 高度な分析や改変を行うことによって技術者としての評価や知名度が高まる
- 同じ OSS の開発を行う技術者同士での交流により知識やノウハウが共有される

<自社製品を OSS 化する企業のメリット>
- 高機能，高品質の製品を OSS 化することによって企業の知名度やイメージを向上させることができる
- さまざまな技術者が分析や改変に参加することにより自社リソースを使わずに製品の改良が可能となる
- 仮に企業が倒産等した場合であっても顧客へ与える影響を小さくすることができる

　NTT データでも，これまでに自社製品を OSS 化してソースコードを公開した実績があり，それに伴うユーザの増加や社外の目からの知見がもたらされる

7　United States Department of Deffense, 2009, "Clarifying Guidance Regarding Open Source Software (OSS)"

といったポジティブな効果が生じています。

⑶　OSS を利用する際の条件

　このような特徴を持つ OSS ですが，利用の際には一定の条件を課されていることが多いです。この条件は一般に「OSS ライセンス」と呼ばれます。OSSライセンスは多くの場合，OSS の開発コミュニティ（当該 OSS を開発している技術者の集まり）が運営しているウェブサイトに掲示されています。

　この OSS ライセンスはさまざまな種類がありますが，多くのライセンスで共通して規定されている主な事項は以下のとおりです。

　＜OSS ライセンスの主な規定内容＞
- 自身が開発に用いた OSS や，OSS を改変した部分について，決められたOSS ライセンス条件を適用しなければならない
- 自身が開発に用いた OSS や，OSS を改変した部分のソースコードを開示しなければならない
- OSS に開発者や配布者が保持している特許が含まれている場合，開発者や配布者は利用者に特許権をライセンスしなければならない

⑷　OSS を利用する際の留意点

　OSS を有効活用することによって，システム開発の期間短縮やコスト削減が可能となる一方で，OSS の品質やライセンス条件によっては思わぬ結果をもたらす可能性もあり，システム開発時に OSS を利用するか否かは，メリットとデメリットを比較して慎重に検討する必要があります。

　OSS 利用時の主なメリット・デメリットは以下のとおりです。

　＜メリット＞
- 世界中の優秀な開発者により開発されるため高機能，高品質なソフトウェアとなる可能性がある
- 通常のソフトウェアに比べて利用や改変の自由度が高い

- ライセンスの対価が不要である
- すでに OSS が実現している機能を新しく開発する必要がない
- ソフトウェア開発元の倒産等によって一方的に利用権を解除されたりすることがない

＜デメリット＞

- 品質についてコミュニティや技術者の保証があるわけではなく，また，何か発生した際のサポート義務を負っているわけでもない
- システムベンダに熟練した技術者がいない場合うまく扱えない可能性がある
- ソースコードを開示する義務がある OSS の場合，開発したプログラムの秘匿したい技術やノウハウが外部流出する可能性がある
- コミュニティや技術者が開発から離れて（別の OSS 開発に移るなど）対応がアップデートされなくなる可能性がある

3.2　使用許諾契約

(1)　使用許諾契約とは何か

　使用許諾契約とは，ソフトウェアを使用する際などに，当該ソフトウェアの著作権者等が設定した使用条件に従って使用することを約する契約です。読者の身近な例を挙げると，PC を使用する際に必要となる OS である Windows や，Word，Excel，PowerPoint といった機能を有する Office などでも，使用開始時点で著作権者である Microsoft と使用許諾契約を締結する必要があります。世の中のほとんどのソフトウェアについて，使用の際にはこの使用許諾契約を締結する必要があるのではないかと思います。

(2)　使用許諾契約の方式

　使用許諾契約には，主に以下の3つの締結方式があります。

①　契約書を取り交わす方式

通常の契約書と同様に，書面に契約条件を記載して両当事者が記名押印等する方式です。

②　シュリンクラップ方式

CD や DVD の格納された包装を開封することによって，使用者が包装の表面に記載された使用条件に同意したこととみなす方式です。ソフトウェアを CD や DVD に記録する形で不特定多数の使用者に売り渡す際によく用いられます。使用者はソフトウェアの包装の開封時に契約条件を確認し，同意の可否を判断するため，条件交渉は行われません。また，契約条件を読まずに開封され，契約条件が遵守されないケースもあり，押印した契約書を取り交わす契約に比べて確実性の点で劣るともいえます。

③　クリックオン方式

ソフトウェアのダウンロード，またはインストール時に画面上で使用者に使用条件を提示し，使用者が同意の意思を示す操作(画面上の同意ボタンをクリックするなど）を行うことにより，当該条件に同意したとみなす方式です。ソフトウェアを CD や DVD に記録せずにオンラインでダウンロード提供する場合によく用いられる方法です。

(3)　使用許諾契約は誰と締結するか

ユーザがソフトウェアを購入する際に，ソフトウェアの著作権者から直接購入するほか，システムベンダ等の著作権者以外の者（販売者）から購入する場合もあります。前者の場合は，使用許諾契約がユーザと著作権者との間で締結されますが，後者の場合，使用許諾契約の当事者について，大きく 2 つのパターンがあります。

①　ユーザと著作権者の間で締結されるパターン

ユーザと販売者での間では，ソフトウェアを記録した CD や DVD という有体物の引渡し，または，ユーザが使用許諾契約を締結することができる権利の提供を目的とする契約が締結されることとなると解され，販売者は，ソフトウェアの品質全般等への責任は負わないこととなります（図表 2 −12）。

図表2−12 販売代理店

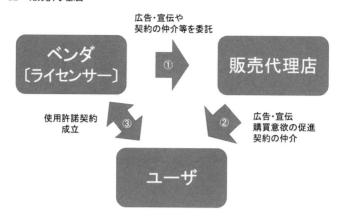

② ユーザと販売者との間で締結されるパターン

このパターンでは，販売者が著作権者との間で使用許諾契約を締結しており，当該利用許諾の中で，販売者から第三者に対して再使用許諾を行う権利が認められている，という形となっていることが多いです（**図表2−13**）。この場合，販売店は，ソフトウェアの品質全般等についても責任を負うこととなります。

図表2−13 特約店

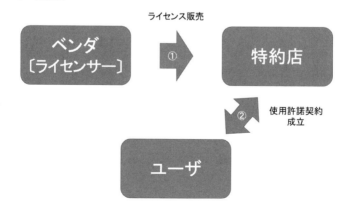

⑷　使用許諾契約の主な規定

使用許諾契約において規定される主な規定は**図表2－14**のとおりです。

図表2－14　使用許諾契約において規定される主な規定

使用範囲	ソフトウェアを使用可能な範囲を具体的に特定します。たとえば，ＰＣ〇台限り，法務部員限り，Ａ社社員限り，など，さまざまな範囲の設定の方法があります。
禁止事項	ソフトウェアを第三者に譲渡や貸与すること，再利用許諾すること，リバースエンジニアリング（ソースコードを解析して人間が読み取り可能な形式に復元すること）すること，著作権表示を削除することなどが禁止されることが多いです。
保証条件	比較的安価な価格でソフトウェアを提供するために，不具合等があった際の保証条件を限定することが多いです。たとえば，何か不具合があった場合には，ソフトウェアの代金を返金するが，不具合を修補する義務は負わず，代金返金以外の損害賠償責任も負わない，といった設定があります。

3.3　サービス利用契約

⑴　サービス利用契約とは何か

サービス利用契約とは，サービスを利用する際などに，当該サービスの提供者等が設定した利用条件に従って利用することを約する契約です。読者の身近な例を挙げると，Word，Excel，PowerPoint といった機能を有する Office の Office365や，AWS という Amazon が提供するクラウドサービスなどがあります。

⑵　サービス利用契約の方式

このサービス利用契約について，サービスは CD や DVD といった有体物を用いずにオンラインで提供されることが多いことから，使用許諾契約とは異なりクリックオン方式が取られることがほとんどです。

⑶　サービス利用契約の主な規定

サービス利用契約の主な規定は次頁の**図表2－15**のとおりです。

図表 2 −15　サービス利用契約の主な規定

利用条件の変更	サービスの利用条件が変更される場合に，サービス提供者が多数のサービス利用者すべてと個別に合意していくことは現実的でないことから，サービス提供者の一存で利用条件を変更できることとなっていることが一般的です。ただし，同意しかねる変更が行われた場合には，利用者はサービス利用を終了できる権利が担保されていることも多いです。
禁止事項	サービスの提供を妨害する行為（不正アクセスやハッキング等）を行うこと，サービスを第三者に利用させること，リバースエンジニアリング（ソースコードを解析して人間が読み取り可能な形式に復元すること）すること，などが禁止されることが多いです。
保証条件	比較的安価な価格でサービスを提供するために，不具合等があった際の保証条件を限定することが多いです。たとえば，何か不具合があった場合には，サービス利用料の一部を返金するが，不具合を修補する義務は負わず，利用料返金以外の損害賠償責任も負わない，といった設定があります。
サービスレベル	提供されるサービス品質（サービスレベル）を定量的な数字で表示する場合があり，これに関するサービス提供者と利用者の合意を SLA（Service Level Agreement）と呼ぶこともあります。たとえば，１年間のサービスの利用時間中99.9%以上はサービスの正常な稼働を保証する，であるとか，万が一サービスが予期せず停止した場合に，一定時間以内に復旧させること，などが具体的な内容として挙げられます。この SLA には，あくまでもサービス品質の目安を示すもので実現義務を負わない「努力目標型」と，実現しなかった場合には違反と問われる「義務型」があります。前者の目標型を SLO（Service Level Objective），後者の義務型を特に SLA と使い分ける場合もあります。
サービス提供の停止，中止	サービス提供者の一存で，たとえば，サービスのメンテナンス上やむを得ない場合にはサービス提供を停止したり，利用者が少なくなって採算上サービス提供が困難となる場合にはサービス提供を中止したりできることとなっていることが一般的です。

第3章
システム開発工程

1 システム開発の方式と進め方

　システムベンダの提案が受け入れられ受注が確定すると，システムベンダは
ユーザとシステム開発に関する契約を締結し，開発に着手します。本章は，シ
ステム開発がどのように進んでいくか改めて見ていきましょう。

1.1 ウォーターフォール型開発

　システム開発プロジェクトの方法はさまざまありますが，ウォーターフォー
ル型開発とそうでないもの（非ウォーターフォール型開発）に大別されます。
　ウォーターフォール型開発では，システム開発を「要件定義」，「設計」，「製
造」，「試験」，「移行」の工程に切り分け，これらを順次実施することでシステ
ムが完成し，「運用・保守」段階でシステムが利用されます（要件定義の前に「企
画」フェーズが実施されます）。各工程におけるアウトプット（成果物）が次の
工程のインプットとして順次利用されることから，水の流れに例えられ「ウォー
ターフォール」と呼ばれています（**図表3－1**）。ウォーターフォール型開発は
システム開発の世界では古くから行われており，現在でも一般的な開発方法と
いえます。
　ウォーターフォール型開発を行う場合，ウォーターフォールの起点となる開
発の初期段階において，どのようなシステムを開発するのか明確に確定しなく

図表 3 － 1　ウォーターフォール型開発の流れ

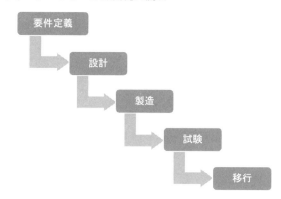

てはなりません。そのため，要件定義もしくは設計工程の早期において，ユー
ザのシステムへの要望をできる限りすべて洗い出し，システムベンダとユーザ
の間でシステムの仕様を確定させる必要があります。その仕様を起点として以
降の開発（水の流れ）が進んでいきます。

1. 2　ウォーターフォール型開発のメリット・デメリット

　ウォーターフォール型開発のメリットとしては，早期の仕様確定により，シ
ステムのもつ膨大な機能間の整合性を保って設計を行うことができることが挙
げられます。これにより，設計工程の成果物である設計書は，各機能・部品ご
との連携が取れた状態を維持することができ，以後の製造工程，テスト工程で
は設計書を基に作業が進められ，製造工程，試験工程に戦略的に人員を追加投
入することも可能になります。このようなメリットから，ウォーターフォール
型開発は，開発に必要な人員が多くなる大規模開発において採用される傾向が
特に高いです。
　一方で，早期に仕様を確定しなければならないことこそが，ユーザからみて
ウォーターフォール型開発の不便なポイントとして挙げられます。もちろん仕
様確定以降にまったく仕様が変更できないわけではありませんが，システムの
性質上変更箇所が一部であってもさまざまな部分に影響を与える可能性が高い
ため，仕様確定以降の変更は難しくなるのが原則であり，工程が進めば進むほ

ど手戻りによるプロジェクトへの影響が大きくなります。

1.3　非ウォーターフォール型開発

　昨今では，非ウォーターフォール型開発の事例も増えており，代表的なものとしてアジャイル開発が挙げられます。これは，刻々と市場が変化する中でシステムが持つべき機能を早期に固定化すること自体がビジネスリスクであるとして，小規模の開発を，期間を定めて繰り返すことによって市場の変化に対応したシステム開発ができることを目指す手法です。詳細については第5章第1節で解説します。独立行政法人情報処理推進機構（IPA）が公表している「ソフトウェア開発データ白書2018-2019」によれば，受託開発の97.4%がウォーターフォール型開発で実施されているとされており，ウォーターフォール型開発は今なお主流のシステム開発手法といえます。そのため，以下では主にウォーターフォール型開発の流れに沿って，システム開発の内容やトラブル事例を紹介します。

2　企画工程

2.1　企画工程とは

　システム開発プロジェクトの初期工程として，企画工程があります。企画工程では，ユーザのニーズ，課題を洗い出し，それらを実現したり，解決したりするための業務フローの見直しや，どの部分をシステム化するべきかといったシステム化する範囲などについて検討します。この工程でのアウトプットは「システム化計画」，「プロジェクト計画」などで，これらによってユーザにおけるシステム構想を立案していきます。

2.2　企画工程の主体は誰か

　企画工程は，ユーザのニーズ，課題を的確に洗い出すことが必要となるため，ユーザが主体となって検討することが前提となります。検討の対象が業務フローといった現場レベルの話にまで及ぶため，ユーザの中でも，システム部門

だけでなく，会社の業務全体を俯瞰する管理部門や実際の業務を担うユーザ部門など，多くのステークホルダを巻き込んだ検討が必要です。

　この工程において，システムベンダは，ユーザから提示された情報を把握，分析し，企業内のステークホルダへのインタビューなどを通じてユーザの要求事項を明確化するほか，ドキュメント化作業の実施などを通じ，システム化構想立案の支援を行います。この部分については，契約締結の前にプロジェクトの前提を把握するために営業活動の範囲でシステムベンダが協力する場合もありますが，一定の規模を超えるものについては，第2章で解説したようなコンサルティング契約をユーザと締結したうえで実施する場合も多くあります。

3　要件定義工程

3.1　要件定義工程とは

　企画工程の後に続く工程が要件定義工程です。要件定義工程は，システム開発プロジェクトの方向性を定める，プロジェクトの肝ともいえる工程です。

　一般社団法人日本情報システム・ユーザ協会の調査においても，システム開発プロジェクトの工期遅延の発生原因の多くが要件定義の問題だったという結果が出ており，その重要性が裏付けられています（図表3−2）。要件定義工程の品質が，プロジェクトの成否を左右するといっても過言ではありません。

3.2　「要件」とは何か

　「要件」とは，システムに求められる要求事項を整理したものを指します。「要求」という言葉を用いるケースもありますが，要件定義という言葉はシステム開発の現場では一般的に用いられているため，本書においても明確に区別せず，「要件」あるいは「要件定義」という言葉を使用します。

　要件には大きく2種類あります。1つは，ユーザの期待する業務を実現するために，システムがどのように動作する必要があるか，という事項を指す「機能要件」です。勤怠管理システムを例にとると，マネージャーが配下の社員の

図表3－2　システム開発遅延の原因（複数回答）

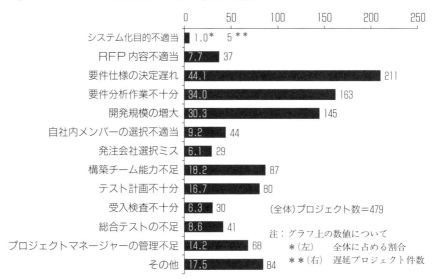

出典：日本情報システム・ユーザ協会「ソフトウェアメトリックス調査2016」

時間外労働を事前に承認することが社内ルールにおいて必要な場合,「時間外労働が必要な社員が, 事前に日時を特定し, 時間外労働の申請を上げられること」,「時間外労働の申請が社員から上げられた場合, マネージャーに自動的にメールで通知され, マネージャーは時間外労働の可否をシステム上で入力すること」等が機能要件です。

　もう1つの要件は, 機能要件以外の要件であり, その意味のとおり「非機能要件」と呼びます。これは, システムの処理能力や運用時の障害への対策, セキュリティ対策などを指します。たとえば, 勤怠管理システムは社員が日常的にアクセスするものなので,「同時アクセス数●●人を想定する必要がある」とか,「社員数が今後増えていったときシステムの拡張がどれくらい容易であるか」といったことを検討する必要があります。

　合意すべき具体的な内容は「非機能要求グレード」として IPA によりまとめられています[1,2]。

3．3　要件定義の主体は誰か

　要件定義も企画工程同様にユーザ主体で行うものとされています。意外かもしれませんが，現に，経済産業省，JISA，JEITA などの各団体が公表しているシステム開発に関するモデル契約において，要件定義工程は準委任契約が推奨されています[3]。業務に精通するユーザの知見によってアウトプット作成のための検討を進め，ドキュメント化においてユーザに不足しているノウハウなどをシステムベンダが提供し，ユーザとシステムベンダの協働作業によって，要件定義工程を進めていくことになります。ところが，実態としては，要件定義を請負契約で行い，あたかもシステムベンダ主体の工程として進めるプロジェクトも中には存在します。システムベンダがユーザの内情に精通していたり，ユーザとシステムベンダのコミュニケーションが円滑であったりすることにより，システムベンダを主体とする要件定義が円滑に実施されることが可能なケースも少なからずありますが，本来ユーザから提示されるべき必要な情報が反映されずに，結果として要件定義工程が遅延したり，要件定義書の品質が低下し，その後の手戻り，開発工程のコスト増，納期遅延，品質低下などの原因となることも少なくありません。情報処理推進機構ソフトウェア・エンジニアリング・センター（以下「IPA-SEC」。現：ソフトウェア高信頼化センター）がまとめた「超上流から攻める IT 化の原理原則17ヶ条」[4]において，"原理原則〔9〕要件定義は発注者の責任である"と明記されているのは，こういった現状が反映されたものだと思われます。ユーザがそのような認識を持ったうえでシステムベンダと協働作業を行うことによって，システム開発は円滑に進んでいきます。

1　https://www.ipa.go.jp/sec/softwareengineering/std/ent03-b.html
2　情報処理推進機構（IPA）は，経済産業省所管の独立行政法人であり，日本における IT 国家戦略を技術面，人材面から支えるために設立された機関です。
3　前掲第 1 章注 1，一般社団法人電子情報技術産業協会「2020年版ソフトウェア開発モデル契約及び解説」（2019）　https://home.jeita.or.jp/cgi-bin/page/detail.cgi?n=1137&ca=1
4　https://www.ipa.go.jp/files/000005109.pdf

3.4　要件定義工程で行うこと

　要件定義工程では，企画工程で作成されたシステム化計画などをもとに，システム化の対象となる業務におけるニーズや課題を分析し，開発するシステムを定義します。この工程で作成される成果物を「要件定義書」といい，一般的には以下のような項目が記載されます。

①　現行業務のフローとその課題
②　システム導入後の新たな業務フロー
③　システム化する機能の一覧
④　ユーザインターフェースイメージ

　要件定義書の作成に際して，ユーザはシステム化の対象とする業務についての情報の提示，システムの要件を明確にし，必要に応じてシステムベンダがシステム化ノウハウの提供やドキュメント作成作業の実施により，要件定義書の作成を支援します。要件定義書を作成したら，ユーザが，自らの希望が反映された内容となっているかを確認し，ユーザ内でオーソライズし，ようやく要件定義書が完成します。

3.5　要件定義におけるトラブル『現行どおり』

　システム開発の中には，老朽化した既存システムの更改を行うプロジェクトも多くあります。こういったシステム更改プロジェクトでは，ユーザから更改システムの要件として『現行どおり』と示されることがありますが，当初のシステム開発から複数年が経過していることにより，システムが複雑化，巨大化していたり，人事異動等によってシステムの全体像や詳細を把握している人員がいなかったりすることがあり，多くのトラブルを招く要因となります（IPA-SEC「超上流から攻めるIT化の原理原則17ヶ条」でも原理原則〔14〕に「『今と同じ』という要件定義はあり得ない」とあります）。たとえば，蓋を開けてみると，現行システムが何らかの理由でそのまま流用することができないことが明らかになったり，ユーザが現行どおりと思っていた機能がユーザからシステムベンダに提供された現行システムに関する資料には記載されておらず両者間で認識齟齬が生じたり，現行どおりという言葉とは裏腹に後々になって要望事

項が増えていったりと，システム開発が頓挫したり遅延する原因となる要素が『現行どおり』という言葉には多々含まれていることを十分に認識する必要があります。

事例紹介⑨

現行どおりを要件とした案件の失敗

　ある製造業のユーザが，工場の生産状況をリアルタイムで監視するためのシステムを構築する計画を立てました。当該ユーザにとっては久々のシステム刷新となり現行システムに精通しているメンバが少なくなっていること，また，現行システムがうまく稼働せずに工場が止まると大きな影響が生じることから「現行システムの機能を踏襲すること」を新システムの要件として開発をスタートさせました。しかし，開発がスタートすると，センサーの性能向上等によって収集される情報が大きく増加するとともに工場のラインが複雑化していることなどもあり，一言に「リアルタイム監視」といっても処理すべきデータ量や正常系として想定すべきパターンが現行システムよりも非常に複雑になることが判明しました。また，イレギュラーな事象については，現行システムの機能に加えてユーザの従業員の手作業によって対処していましたが，ユーザはこのような対処もシステム化の範囲に含めることを想定しており，それらによってシステム規模が当初より大幅に増大することとなり，納期も大幅に遅延することとなりました。「現行どおり」のシステム更改では，具体的な「現行どおり」の内容について意識合わせすることが重要です。

　ここで，IPA-SECによる「超上流から攻めるIT化の原理原則17ヶ条」の全体の内容をご紹介します（**図表3-3**）。ユーザ，システムベンダともに学ぶところの多い内容となっています。

図表 3 - 3 「超上流から攻める IT 化の原理原則17ヶ条」原理原則

```
（1）  ユーザとベンダの想いは相反する
（2）  取り決めは合意と承認によって成り立つ
（3）  プロジェクトの成否を左右する要件確定の先送りは厳禁である
（4）  ステークホルダ間の合意を得ないまま，次工程に入らない
（5）  多段階の見積りは双方のリスクを低減する
（6）  システム化実現の費用はソフトウェア開発だけではない
（7）  ライフサイクルコストを重視する
（8）  システム化方針・狙いの周知徹底が成功の鍵となる
（9）  要件定義は発注者の責任である
（10）  要件定義書はバイブルであり，事あらばここへ立ち返るもの
（11）  優れた要件定義書とはシステム開発を精緻にあらわしたもの
（12）  表現されない要件はシステムとして実現されない
（13）  数値化されない要件は人によって基準が異なる
（14）  「今と同じ」という要件定義はありえない
（15）  要件定義は「使える」業務システムを定義すること
（16）  機能要求は膨張する。コスト，納期が抑制する
（17）  要件定義は説明責任を伴う
```

出典：IPA-SEC「超上流から攻める IT 化の原理原則17ヶ条」

4　設計工程

4.1　外部設計と内部設計

　要件定義工程が完了したら，次は設計工程へ移ります。設計工程は，要件定義工程において定めた機能要件や非機能要件を実装する，システムの仕様を具体的に設計していく工程です。この設計工程には大きく分けて外部設計と内部設計の2段階がありますが，外部設計より内部設計のほうが，よりシステムの詳細な点を決める点に特徴があります。

4．2　外部設計

(1)　概要

　外部設計では，要件定義書を基に，システムのふるまいや画面等の仕様等を詳細化します。つまり，システムの画面レイアウトや画面の移り変わり，作業の結果出力される帳票の表示方法等，システムをユーザが使用する際の一連の流れをより具体化するとともに，それに伴うシステム内での情報の持ち方や他のシステムとの連携の仕方などを検討していく工程だということができます。

　たとえばIPAは，外部設計工程においてユーザとシステムベンダが合意しなければならない事項として，次のようなものを例示しています[5]。

---

①　機能要件からシステムとして実現する範囲
- システムから見た業務の流れ，システムとしてのふるまい
- システムと利用者の間のインタフェース
- システム間のインタフェース

②　システムとして実現する範囲
- 見栄え（レイアウト）
- 操作方法（キー・マウス操作，画面遷移，メッセージ）
- 処理（検査，正常時処理，異常時処理）
- 保持する情報とその状態遷移

---

(2)　外部設計の例

①　アプリケーションの設計

　ここでいくつか外部設計における成果物の例を示します。たとえば，**図表3－4**の成果物では，システムによって業務を遂行する順序を図示し可視化しています。

5　情報処理推進機構（IPA）「機能要件の合意形成ガイド」（2010）
https://www.ipa.go.jp/sec/softwareengineering/reports/20100331.html

図表 3 - 4　外部設計における成果物の例

プロジェクト名称	全社勤怠管理システムの導入	システム名称	勤怠管理システム
ドキュメントID	KNTAIG00001	作成者	金体　次郎
ドキュメント名称	勤怠管理システム外部設計書	Ver/作成日	1.0 ／ 20XX/XX/XX

業務フロー名称	休暇申請	内容	システムを用いた休暇申請

また，システムの画面レイアウトや画面遷移の仕方については，次頁の**図表 3 - 5**のような成果物により合意します。各ページの画面の表示の仕方や，各ボタン・テキストボックス等にどのような機能を持たせるか，また，それらの動作により画面の状態がどのように変わるかを可視化します。

たとえば勤怠管理システムの開発の場合をイメージすると，メイン画面のレイアウト（表示する項目や文字の色，フォントの大きさ等々）であったり，「カレンダー上で日付を選択し有給休暇申請ボタンを押すと，申請できる種類（1日，時間単位など）が選択できる画面に遷移する」といった動作であったり，有給休暇の残日数のデータをどのように記録しておくかであったりを決めていくことになるでしょう。

②　基盤の設計

また，ここまではシステムのアプリケーション部分の設計が主に関係していますが，当然，ミドルウェア，ハードウェア，ネットワーク等（これらはシステムの重要な基礎部分であり，一般的に「基盤」といいます。それぞれの詳細は第 1 章を参照）についても設計が必要となります。外部設計工程では主に，どのようなハードウェアやソフトウェアを使うか，それをどのように組み合わせていくかを検討します。そして，基盤の設計では，非機能要件が実現できて

図表 3 － 5　画面遷移の状態の可視化

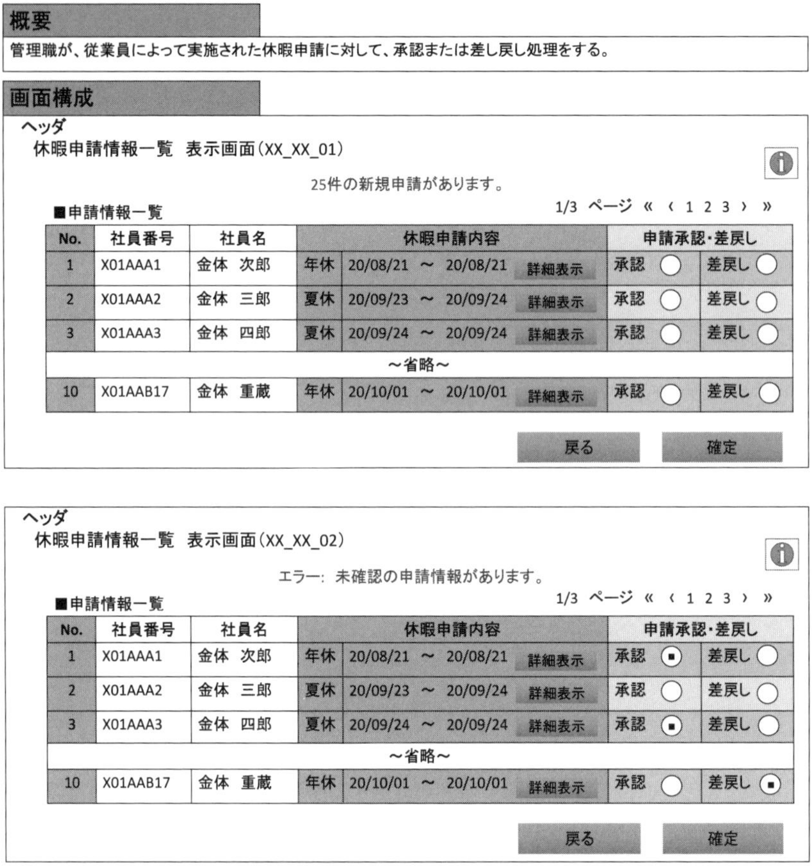

いるかを特に考慮する必要があります。たとえば，作成予定のシステムが原則24時間365日動作していなければならない場合，冗長化（障害等に備えて予備を配置・運用すること）等の方法により，一部のハードウェアが故障した場合でもシステムの稼働が継続するような構成をとらねばなりません。また，サービス開始時点から数年後にシステムのアクセス数が倍増するようなことが見込まれる例では，数年後を見越してシステムのCPUやストレージを拡張することで利用者増加に対応できるような設計にしておかなければなりません。さらに，

当然ですが，コストの問題もあります。例を挙げると，一般にクラウドは拡張性に優れており，ユーザ増加等の場合には追加料金を支払うことで柔軟にCPU・ストレージ等のシステムリソースを追加することが可能ではありますが，その分割高になる傾向があります。以上のような点を踏まえ，外部設計工程においては，どのようなシステム基盤を構築するかを検討するため，どのような製品を使ってどう組み合わせるか，また，運用時にシステム基盤をどのように管理するか等を書面化していき，最終的には「外部設計書」という成果物の作成がゴールとなります。

⑶　外部設計におけるユーザ参加の意義

　外部設計工程では，要件定義書がインプット情報となり，システムベンダは機能・非機能要件が実現できるように設計を進めていきます。しかし，要件定義書において抽出した要件がユーザの想定どおり反映されているかは，ユーザの立場でないと判断がつきません。前述(76頁)したとおり，ウォーターフォール型開発においては内部設計工程以降での仕様変更が原則的に困難であるため，外部設計工程ではユーザが成果物を確認しながら進めることになります。

4．3　内部設計

　内部設計は要件定義工程や外部設計工程で定めた表示方法や動作を実現するためにシステム内部の組み方，プログラムの設計を検討したり，基盤の動作を最適化するための設定を検討したりするものです。これにはプログラミング言語などの技術に関する知識が不可欠となり，どちらかと言えばシステムベンダが行う作業が多くなります。内部設計工程では，「内部設計書」と呼ばれる設計書の作成がゴールとなります。

4．4　仕様の文書化（設計書や仕様書）の意義

　多くのシステム開発プロジェクトでは，以下のような重要性のもと，最終的に開発されたシステム自体に加えて，当該システムに関連するこうした設計書（仕様書）も成果物の1つとして納品することが多いです。

(1)　合意形成の方法としての重要性

　システムが最終的に動作しさえすれば，詳細な内部の設計書なんてユーザにとっては必要ないのではないかと思われる読者もいるかもしれません。しかし，システム開発は上記のようにユーザまたはシステムベンダ単独で完結できる業務ではないため，開発工程の中で文書という形で見える化し，合意形成を図りながら進めることが非常に重要です。

(2)　完成基準としての重要性

　設計工程で作成された「外部設計書」や「内部設計書」は，次の製造工程や試験工程において納品物の完成基準として用いられる，という点で重要です。製造工程や試験工程については多くの場合，請負契約が締結されますが，そうすると，形のないシステムの構築においてシステムベンダが完成責任を負うことになるため，その完成基準を何かで定めておく必要があります。この点，設計工程で作成された「設計書」は，ユーザの要望を具体化しユーザの承認を受けたものであるため，製造・試験工程において作られたシステムが「設計書」の内容を充足しているかによって，ユーザの求めるシステムを開発できているかを判断することができることになります。

(3)　運用・保守・改修場面での重要性

　設計書は，開発したシステムを実際に運用し保守する場面，はたまた改修する場面などで，当該業務を請け負うベンダはこれらの設計書（仕様）を参照する必要が出てきます。そのため，特にシステムの開発ベンダと保守ベンダが異なる場合や，ユーザにおいて将来別ベンダにシステム改修を依頼したいと考える場合，これらの文書をユーザが保有しておくことが必要になります。

4.5　仕様確定の難しさ

　当初，ベンダ選定のために作成された提案依頼書（RFP）では抽象的な内容であった仕様が，要件定義工程を経て少しずつ具体化，詳細化されていくことになりますが，一体いつをもって「確定」とするのか，という点が，システム開発において非常に難しい点となります。勤怠管理システムを例とすると，メ

イン画面に表示する項目を決める際に，既存システムや他社事例をベースに「一旦それで」と仮置きすることは簡単かもしれません。しかし，それをいつ「確定にしていいか？」となると，ユーザとしてはできるだけ最後まで保留にしておきたい，と考えることがあります。単純な抽出漏れの事項が後日発覚し，それを盛り込んでほしいという事態が生じるかもしれませんし，ユーザ内の意向が変わることがあるかもしれません。しかし，システムベンダとしては，（内容によっては）前提が変わってしまうとその後の作業がやり直しになってしまうおそれがあるため，余計なコストがかからないよう可能な限り早く確定させてほしい，という期待があります。また，ユーザ内部で異なる意見が噴出してしまい，その調整が難航するケースもあります。こうした事態に備えて，設計工程を対象とするシステム開発契約では，以下のような規定を盛り込みます。

- ユーザ内部での意見集約や調整をユーザの義務とすること
- 仕様確定のプロセスをあらかじめ合意すること
- ユーザ側に帰責事由のある場合は（違約金や損害の賠償等なく）スケジュールの延長を行えること

事例紹介⑩

特殊な仕様には要注意

　あるユーザが新たなシステムを構築するに際して，システムにヘルプ機能を設けて，ユーザ自身が更新していく計画を立てました。一般的に，システムを作成した際は操作マニュアルを一緒に作成し納品することが多いですが，このプロジェクトでは，ユーザのIT部門メンバがシステムの操作に習熟したうえで，その操作方法を容易に記録することを想定して，操作マニュアルに代えてヘルプ機能を採用することにしました。しかし，ユーザのIT部門のメンバが変わった際に十分な引き継ぎがなされておらず，数年後，操作マニュアルが納品されていないということで，ユーザがシステムベンダに対して不完全履行を主張しました。特殊な仕様を採用する際には，記録を残しておくことが特に重要です。

4.6　仕様変更交渉の留意点

　これまで述べてきたとおり，ウォーターフォール型開発においては，原則的に仕様確定後の手戻りは許容されませんが，実態としては仕様確定後も仕様の変更が頻発するケースが少なくありません。開発期間が長期にわたると，ユーザ内の体制の変更や業界の環境変化，法改正等によってユーザの業務フローが変わったり，要件定義が不十分で追加や修正が必要となる要件が発覚したりするためです。早い段階であればまだしも，内部設計やプログラミング（製造工程）に着手した後に，システム全体に影響を及ぼすレベルの仕様変更が生じた場合，再度要件定義や外部設計から修正しなければならない等深刻な手戻りとなり，開発費用が膨らみ納期遅延をもたらすことにつながります。仕様変更が避けられない場合も，開発費用や納期への影響を見据えながら，何をどのように仕様変更するべきかについて，システムベンダとユーザ間において十分に協議し，仕様変更によるリスクを適切にコントロールすることが重要となります。具体的な流れの一例は以下のとおりです。

---

① 　ユーザから仕様変更要求があった場合，システムベンダ側で変更の実現可能性，実現方式，他の成果物や作業への影響と変更に必要となる工数，スケジュールを調査する。
② 　変更の必要性，緊急性，有効性とコスト，スケジュールへの影響度等を検討し，変更実施の要否と優先度についてユーザに提言する。
③ 　これについてユーザと合意ができれば，プロジェクト計画の中に組み込んで変更作業を実施する。

　前述（61頁）したとおり，システム開発においては判例上認められているPM義務とユーザの協力義務という法的義務があります。そのため，システムベンダは最終的にプロジェクトを破綻させる事態にならないよう，安易にユーザからの仕様変更に応じることができません。外部設計工程が完了し仕様が確定したにもかかわらず，追加の要望が後から次々と頻出しては，次工程の作業に支障をきたすこともありますので，場合によっては仕様凍結の合意（以降，仕様

の変更を行わない/受けないことの合意）をお願いすることもありえます。

5　製造工程

5.1　製造工程とは

　設計工程が完了したら，次は製造工程となります。製造工程とは，設計工程で確定した設計書をもとにプログラムを作成する工程をいいます。プログラマによる作業が中心となるため，基本的にはシステムベンダ主体で実施されますが，システムの完成イメージを一致させるために，適宜画面デザインや画面遷移イメージ等の中間成果物の確認を，ユーザ側に依頼することがあります。また，（製造工程に限った話ではありませんが，）ユーザからシステムベンダが受領するデータの機密性が高く，情報を外部へ持ち出せない，あるいは外部からアクセスできないようなセキュリティ要件の厳しいシステムを構築する等の理由により，システムベンダの作業者が，ユーザ敷地内に常駐して作業を行う場合，ユーザが作業スペースや設備を提供することもあります。

5.2　プログラムの著作権

　第1章で述べたとおり，著作権法上の「プログラム」に該当するソフトウェアは「プログラムの著作物」として，保護の対象となりえます。多くの場合，プログラムはシステムベンダのプログラマが製造するため，創作者であるシステムベンダ側に著作権が発生します。これをシステムベンダ帰属のままとするか，発注者であるユーザへ譲渡するか，または両者で共有とするか，については，システム開発契約において交渉の上定めることとなります。ただし，いずれに著作権を帰属させるとしても，そもそも OSS のように，第三者に権利が帰属しているものが含まれている場合,それについては当然システムベンダ・ユーザいずれも取得できるものではないため，対象から除外するということになります。

事例紹介⑪

作業に必要な費用の負担はどちら？

　あるユーザのシステム開発プロジェクトで，セキュリティ等の観点から開発作業を行う場所はユーザが指定する部屋で，ユーザの指定する機材を使うこととなりました。その際，ユーザは「業務委託にかかる費用は当然に受託者が負担する」，ベンダは「ユーザが指定する部屋，機材なのだからその準備にかかる費用は当然にユーザが負担する」とそれぞれ当然に思い込んでおり，後々費用の負担をめぐって争いが発生してしまいました。特にユーザが作業場所や機材等を指定する際には，その準備に必要な作業や費用はどちらが負担するのか，ということをあらかじめ合意しておくことも重要です。

6　試験工程

6.1　試験工程とは

　試験工程とは，ユーザとベンダがあらかじめ合意した試験の方法や完了基準に従い，プログラムが要件定義から内部設計までの各工程で文書化した仕様どおりに動作するかを確認する工程です。試験は，対象範囲が拡大すればするほど，試験で判明した不具合がどのプログラムに起因するものであるかの特定が困難となるため，通常，単体試験，結合試験，総合試験という順番で徐々に試験の対象範囲を拡大しながら実施していきます。各試験は，本章冒頭でお示しした，Ｖモデル図の右辺にあたるもので，左辺の開発工程を遡るように動作確認していく流れになります（**図表3－6**）。

　単体試験では，プログラムの最小単位であるモジュールを試験対象とし，内部設計書に照らしてモジュールが適切に動作するかを確認します。次の結合試験では，複数のモジュールの連動性を試験対象とし，外部設計書に照らして複数モジュールが適切に連動して動作するかを確認します。そして，総合試験では，システム全体を試験対象とし，要件定義書に照らしてシステム全体が機能

図表3－6　Vモデル図（図表1－12再掲）

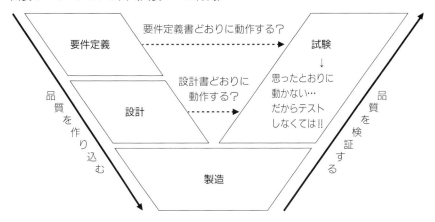

および性能の観点から適切に動作するかを確認します。試験工程までくると、これまで目に見えなかった複雑なシステムが、具体的な動作を伴う形となり、本当にユーザが望むシステムとなっているかの確認が可能となります。

6.2　試験方法と試験完了基準のあり方

　試験方法としては、具体的なテストケースをいくつか作成し、それを実施することで、想定していた結果が得られるか、また性能、品質が満たされているかを確認する、という方法が一般的です。たとえば勤怠管理システムでいえば、「休暇申請のボタンを押したらマネージャーの承認待ちの表示に変わる、同時にマネージャーに承認依頼が発信される」ことを実際に作業して確認する、といったイメージです。このとき難しい点は、この試験工程にどの程度の工数をかけるのかです。テストケースを大量に作成し、思いつく限りのありとあらゆるケースをテストしてみる、という方法ももちろん考えられます。そのほうが、本番環境への移行前に、多くのバグを見つけることができ、システム全体の品質は上がるかもしれません。しかし、大量のテストケースを漏れなく矛盾なく洗い出し、そのケースごとのテストを実施し、しかもその結果を精査するための時間と工数は、膨大なものとなり、費用がかさみます。一方で、わずかなテストしか行わずに次の本番環境への移行へ突入してしまうと、試験にかかる工数は

少なく済みますが，最悪の場合，システムが想定どおり稼働しないばかりか，当該システムと連携するユーザの他システムにまで影響を及ぼし，ユーザの業務をストップさせてしまう，という可能性もあります。そのような事態が起こらないよう，双方納得できる試験方法や試験完了基準をあらかじめ合意しておき，可能な範囲で発生リスクを低減できるようにします。また，試験工程ではユーザによる作業や立ち会いが必要であるため，試験の実施計画を立てる際はユーザの繁忙期をあらかじめ考慮しておくなど，システムベンダ任せにできないこと等を理解しておくことも重要です。

事例紹介⑫

十分な試験の必要性

　ある製造業のユーザが工場で利用するシステムを構築するプロジェクトにおいて，工場の稼働を止めて試験を実施する必要が生じました。比較的大規模なシステム開発であり，システムベンダは試験には1週間程度必要と考えていましたが，ユーザはどうしても工場を複数日止められないと主張し，やむなく1日で試験を実施したところ，想定していた試験のケースが一部しか実施できませんでした。その後，本番環境へ移行したところ，システムがうまく稼働せず，最終的には旧システムへの切り戻し（新システムへの移行を中止し古いシステムを稼働させ続けること）が発生しました。試験のためにユーザの業務を止めることは大変ですが，一方で，試験が不十分だった際の影響も考慮して，必要十分な試験を実施することが重要です。

6.3　試験合格後の取扱い —— 契約不適合

　上記に述べたとおり，実運用中のすべてのケースをテストすることは不可能なため，試験工程を経て「合格」したとしても，システムには不具合（バグ）が残っていることが避けられません。2020年4月以前は，改正前の民法に従い，引き渡し後1年間の「瑕疵担保責任」をシステムベンダが負い，それ以降は保守に係る契約などに基づき適宜改修を行っていくことが一般的でした。多くのシステムベンダは，民法改正後も，契約上の規定により基本的には従来と同じ商慣行を継続しています（改正後の詳細は，第Ⅱ部3.12を参照）。

┌─ 事例紹介⑬ ─┐

不具合と言えるかどうか微妙なケース

　ある小売業のユーザが消費者に対して商品を販売するシステム（サイト）を構築するプロジェクトにおいて，システムの稼働後にサイバーアタックを受けてサイトがダウンしました。原因を調査すると，あるセキュリティ対策を講じていればサイバーアタックを防御できていたことが判明し，プロジェクトの過程をたどると，システムベンダはその対策を講じるべきと提言していたものの，いつ講じるかはプロジェクト中に継続検討課題とされていました。しかし，他に優先度が高い対策があったこともあり，結論が宙に浮いたまま，結局対策が講じられないままとなっていました。ユーザは瑕疵担保責任を主張する一方で，ベンダは必要な提言は行ったものの作業着手指示は受けなかったことから当該対策を講じる義務をそもそも負っていなかったと主張し，見解の相違が生じてしまいました。何をもって契約におけるシステムの不具合（バグ）というかは難しく，プロジェクト中も適宜合意を図る必要があります。

7　移行工程

　試験工程が完了すると，次はいよいよ移行工程へと移ります。移行工程とは，作成したシステムをユーザが実際の業務で利用できる状態にするための作業を実施する工程のことを指します。

7.1　システム移行とは

　主な作業の 1 つは，いわゆる「システム移行」といわれる開発したシステムを本番環境へと移すことです。前述のとおり，システムは「開発環境」と呼ばれる開発専用に用意された環境にて製造および試験が実施されることが一般的です。開発環境は実際にシステムが利用されるネットワークとは異なり，関連する他のシステムとの接続がなされた状態ではありません。そのため，開発が完了したからといってすぐにそのシステムを使用することはできず，できあがったシステムを本番環境（商用環境ともいう）という実際の業務で使用され

る環境下に配置することが必要となるのです。具体的には，実際に使用するサーバをネットワークにつなぎ，連携が必要な他システムとの接続を行い，サーバ上にプログラムを配備（デプロイ）し，これまでに使っていたシステムのデータを流し込む，といった作業が行われます。移行作業中は現行システム（今現在使用されている，古いほうのシステム）を利用することができない場合もあるため，移行作業はユーザの業務が実施されないときを狙って行われるのが通常です。たとえば，現行システムで使用されていたデータを新しいシステムで引き続き使用したい場合，ある時点で現行システムのデータを新しいシステムに移し替えなければなりません。これをデータ移行作業と呼びますが，データ移行作業を行うためには，現行システムのデータを新システムに合うように修正を加える必要があります。こういった作業を行う間に，現行システムのデータに更新が加えられてしまうと，現行システムと新システムのデータ間に不整合が生じる可能性があり，そのため，現行システムの動作を止めることが必要になる場合があるのです。年末年始やゴールデンウィーク等の大型連休は，ユーザが業務を実施しない期間のなかでも長く作業時間を確保することができるため，移行のタイミングとして好まれます。ただし，移行の方法によっては必ずしもシステムを完全停止しなくてもよい場合があります。前述した移行方法は「一括移行方式」と呼ばれる，一度のタイミングで現行システムを新システムに切り替えてしまう手法ですが，その他にも現行システムと新システムを同時に運用し，安全性が確認され次第現行システムを停止する「並行移行方式」や，部分的にシステムを移行していく「段階移行方式」などの手法もあります。どのような手法で移行を行うにせよ，移行期間ではユーザのシステム利用に多少なりとも影響があるため，ユーザへの影響を最小限に抑えるためにはこれを期限内に完了させる必要があります。失敗の許されない一発勝負であるため，一般にシステム移行は難易度が高いものと言われています。

7．2　移行の役割分担

　移行作業には，現行システムを利用するユーザの作業も不可避的に発生するため，システムベンダとユーザ双方の協力のもと，「いつまでに，誰が，何をするか」を定めなければなりません。現行システムと新システムのベンダが異な

る場合，現行システムの作られ方やデータの保存の仕方について，システムベンダがすべて理解しているわけではないことから，ユーザに対して現行システムの設計書等の提示を求める場合もあれば，現行システムからのデータ抽出作業をユーザに依頼する場合もありえます。

　勤怠管理システムで例を挙げるとすると，現行システムでは従業員の性別を「男性」「女性」という 2 つの値のどちらかで入力する設計になっていたものの，いずれの性別であるかを特定しないように性別欄を空欄にしたまま作成された従業員データが存在すると仮定しましょう。この場合，設計書の情報のみに基づいて現行システムから新システムにデータを移行しようとすると，どうして性別欄が空欄である従業員データが存在するのかはわかりません。加えて，このデータをそのまま新システムに移行しようとすると，本来「男性」「女性」のいずれかのデータが入力されているべきにもかかわらず空欄である従業員データについては，システム的に何らかのエラーが生じる可能性さえあります。そのため，一般的にデータを移行する際には，その前段として「データクレンジング」と呼ばれる，データをきれいに整える作業が必要になります。上の例でいえば，性別が空欄の従業員データについて性別を入力し直すようなことが作業として挙げられるでしょう。

　こうした，システムベンダとユーザのいずれかが作業を負担しなければならないものについては，どちらが責任を負って作業をするべきなのかがよく問題になりますが，重要なのは，移行工程においてもシステムベンダには PM 義務があり，ユーザには協力義務が発生している，という点です。事例として，なかなか停止できないシステムに対して移行作業を年末年始に実施しようとしたときに，ユーザが実施しておくべき設定変更作業が完了していなかったことで適切に移行が完了できずに，結局翌年末まで当該システムを使い続けなければならない事態となった，という例もあります。こうした状況を避けるべく，システムベンダとユーザが自らの役割を定義し，期日までにそれを適切に遂行することが重要です。

7.3　その他の作業

　移行工程で実施される作業は，システム移行作業に限りません。たとえばユー

ザ向けシステム運用マニュアルの整備を行ったり，ユーザの利用部門に対する
システム操作方法の教育等が実施されたりすることもあります。実際にシステ
ムを利用するユーザにとってシステムの変更は負担のかかるものであるため，
可能な限りシステムベンダもこれを支援します。

第4章
運用・保守フェーズ

1 運用・保守の重要性

1. 1 運用とは何か

　本番稼動したシステムを正常に動作させるためのオペレーションを指し，システムの起動・停止や，システム上のデータの定期的なバックアップ，システムが正常に稼動しているか（遅延が生じていないか，ウイルスが侵入したり不正なアクセスを受けたりしていないか等）を確認するための監視，システムの利用方法等に関するユーザからの問い合わせ対応等を行います。勤怠管理システムの例で言えば，日々の従業員の勤務実績が確実に反映されているかをチェックしたり，給与支給のために月次の実績を締める集中的な処理などを運用により実施したりします。

1. 2 保守とは何か

　システムを最適な状態に保つためのメンテナンスを指し，具体的には，古くなったハードウェアの部品の交換や，セキュリティパッチ（ソフトウェアに脆弱性やセキュリティホールが存在する場合に，それらを解決するためのアップデートを実現するためのプログラム）の適用，ソフトウェアの軽微な改修，不具合が発生した際の原因究明やその修補，また，ウイルスに侵入されたり不正

アクセスを受けたりした際の復旧対応等を行います。勤怠管理システムの例で言えば，システムの画面がフリーズする不具合が発生した場合,その原因がユーザの利用する PC にあるのか，システムが置かれているサーバにあるのか，PC とサーバをオンライン接続するネットワークに問題があるのか，またはそれらが複合的に関係して問題が発生しているのか等の調査を実施します（これを一般に「障害切り分け」といいます）。また，不具合の原因が明らかになった後,必要と判断された場合には復旧のための修補を行います。

　以上のとおり，運用と保守はそれぞれ異なる作業を指します。あえて両者を対比させると，運用は正常時におけるシステムを使用した対応，保守は異常時におけるシステムに手を入れる対応，というイメージですが，いずれも明確な定義は存在せず，また，揃って実施されることも多いことから，本章ではその違いを峻別することなく，運用・保守と表現します。

1．3　運用・保守をベンダに委託する必要性

　一般的に，運用・保守はシステムの本番稼動に欠かせない工程であり，また,システムを開発したベンダに委託されることが多いです。その理由としては,主に以下の 3 つが挙げられます。
- (1)　システム開発ではバグが不可避である
- (2)　システム開発契約の契約不適合責任では不十分である
- (3)　ユーザ自身での運用・保守が困難である

　以下，3 つの点を詳細に説明していきたいと思います。

(1)　システム開発ではバグが不可避である

　1 つ目の理由は「システムには必ずバグが存在すること」です。これは 2 つ意味があります。1 つ目は，システムを構成する材料自体にバグが存在するというパターン，2 つ目は，システムベンダが開発したアプリケーション自体にバグが存在するパターンです。

　1 つ目については，システムベンダが開発していない，たとえば，OS やミドルウェアに脆弱性がある場合です。これらにセキュリティ上の脆弱性や，バグが混入すること自体もよく見られます。

　2つ目については，一般的に，システムは何十万，何百万行に上るプログラムコードの集合体であり，バグがないシステムを製造するには，この膨大なコードのすべてを論理的な整合が取れるように記載する必要があります。これを論理的な誤りなく行うことは，いくら製造工程にプログラム作成の専門家が従事したとしても，極めて難易度が高いです。そのうえ，システム開発は，予算や納期に関して厳しい制約が存在し，製造工程における期間や人員に余裕を持たせることが難しいケースも少なくありません。そのような事情から，バグが全く存在しないシステムを製造することは不可能と言っても過言ではありません。

⑵　システム開発契約の契約不適合責任では不十分である

　2つ目の理由は，システム開発契約の契約不適合責任ではすべてのバグをカバーできるとは限らないことです。システム開発契約の契約形態として請負を選択した場合，システムベンダには民法上の請負人の契約不適合責任が生じますが，前述のとおり，システムにバグが残存することは不可避です。したがって，ユーザからすると，バグは不適合として契約不適合責任に基づいて修補を請求すればよいと考えるかもしれませんが，ユーザは，必ずしもすべてのバグについて修補をシステムベンダに請求できるものではありません。すなわち，設計工程で作成した設計書の記載どおりに作成されていないケースにおけるバグは不適合と考えられる一方で，設計書の記載どおりに製造しているにもかかわらず生じたケースにおけるバグは，基本的に不適合とは評価されないと考えられます。たとえば，フレックスタイムの清算期間を1カ月から2カ月に変更することになった場合に，1カ月を超える期間において清算を実施しようとするとエラーとなる事象が生じたとしても，設計書において明確に「フレックスタイムの清算期間は柔軟に変更可能であること」と記載されていなければ，不適合とは評価されない可能性があります。同様に，ユーザ自身の使い方誤りによって不具合が生じる場合や，事前の想定を上回る負荷がかかることによってシステムダウンしてしまうようなケースなど，契約不適合責任に基づきシステムベンダに対して修補を求めることができないバグが生じうることを想定すると，運用・保守はシステムの本番稼動に欠かせない工程であるといえます。

⑶　ユーザ自身での運用・保守作業が困難である

　3つ目の理由は，対象システムに関する技術的知見を，ユーザよりもシステムベンダが豊富に有する場合が多いことです。**図表4−1**は，不具合が生じた場合の復旧までのフローの一例です。ユーザのIT部門の体制上，当該フローに沿った不具合対応を自ら十分に実施できるのであれば，運用・保守をシステムベンダに委託する必要はないかもしれません。しかし，現実には，対象システムの開発システムベンダがその詳細に最も精通しており，対象システムの安定稼動および不具合の迅速な復旧のためには欠かせない有識者と言え，より信頼性の高い運用・保守を実施するために，システムベンダに運用・保守が委託されるケースが少なくありません。

　なお，対象システムと他システムが連携している場合，運用・保守を委託してもシステムベンダの責任範囲はあくまで対象システムに不具合があるか否かの確認に留まり，不具合が発生した際に，他のシステムに原因があるのかについてまで，システムベンダが特定する責任は負っていないことが多いです。したがって，運用・保守を委託してしまえばすべてをシステムベンダに一任できるということはなく，利用するシステム全体の管理や，各システムの運用・保守の委託内容にも十分留意する必要があります。

図表4−1　不具合復旧のフロー

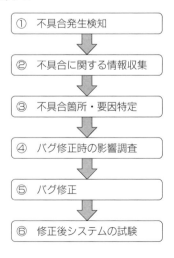

2 運用・保守フェーズで締結する契約とその内容

2.1 運用・保守契約は請負か，準委任か

　システムの納品後に運用・保守にかかわる業務をシステムベンダに委託する場合，システム開発の契約とは別に，システムの運用・保守にかかわる業務委託契約が別途締結されることがほとんどです。運用業務と保守業務は作業内容が異なるものではありますが，2つを区分せず1本の契約で締結する事例，両者を分けて2本（以上）の契約で締結する事例，いずれもありえます。運用・保守業務の委託に関する契約の形態は，請負と準委任のいずれの場合もありえます。

　経済産業省の公開しているモデル契約では，保守・運用の委託に関する契約の形態は，請負と準委任のいずれも取りえると考えられており[1]，また，運用・保守契約の法的性質が請負と準委任の混合的なものと認められた判決[2]もあります。この点，当該契約を請負とするか準委任とするかには，受託する業務について「仕事の完成」が定義できるかが1つのポイントとなります。

　たとえば，ソフトウェアのバージョンアップ作業は，あるソフトウェアの更新作業が完了することについて仕事の完成が定義できるため，本作業単独での委託であれば請負契約を締結することも考えられます。しかし，ユーザがシス

---

[1] 前掲第1章注1　経済産業省176頁では以下のように解説されている。
　「情報システムの保守・運用フェーズでは，そこでの作業は極めて多種多様であり，広範に渡る。そのため，ベンダがユーザから受託する業務の内容が多種多様であり，全ての受託業務のパターンを網羅した一律的な雛形を作成することができない。そこで，最大公約数的に共通すると思われる契約条項を基本契約書…とし，個々の委託業務毎に，個別契約書…を締結し，当該個別契約書において，個々の委託業務の詳細を取り決める形態とした。」
[2] 「本件個別契約は，本来は準委任契約に近い性質を有していたものとみるのが相当である。しかし，（中略）その後の運用の実態において，本件個別契約の実質は請負に近いものとなっていた。（中略）そして，結果として，本件個別契約は，請負契約とも準委任契約とも割り切ることができない契約関係となったと認められる（東京地判平成24年4月25日（公刊物未掲載，平21(ワ)28869））。」

図表 4 － 2　運用・保守の委託内容の例

- 運用業務として運用計画を策定する。
- 運用手順書を作成し作業者に指示する。
- バッチ処理をする。
- バックアップを取る。
- 障害が発生したときにリカバリーする。
- ヘルプデスクを設置しユーザからの問い合わせに対応する。
- 業務変更や外部環境の変化等に合わせアプリケーションの改良を提案する。
- アプリケーションのインシデント管理をする。
- サービス実施状況を報告する。

テムベンダに運用・保守業務を委託する際に，都度発生するタスクごとに完成基準を定めて個別作業ごとの請負契約を締結することは調整コストの観点から現実的でない場面もあります（**図表 4 － 2**）。そのため，業界慣行としては，運用・保守契約を「委託期間中システムが安定的に動作するよう種々の作業を委託する」ものとみて，契約の終了時に一定の仕事が完成するというよりは，契約期間中に善管注意義務を負って業務を遂行していると考える準委任契約の形態をとることが多いです。

2.2　委託業務範囲と役割分担

　システム開発フェーズと同様，運用・保守フェーズにおいても，システムベンダに委託する業務範囲と，ユーザとシステムベンダの役割分担を明確にしておくことが重要です。運用・保守対象となるシステムの性質，ユーザの体制やシステムへの知見の深さによって，業務範囲および役割分担はさまざまのため，個々の事案に応じて契約で明確に規定しなければ，ユーザとシステムベンダ間で作業の一部について「相手が実施する業務だと思っていた」という認識の相違が生じかねません。たとえば，「不具合発生時の対応」という記載1つとっても，「対応」にどこまで含まれるのか不明確です。すなわち，①不具合発生時の検知を行うのはユーザかシステムベンダか，②特定された不具合箇所の修補はシステムベンダ判断で行うのか，③対応時間は24時間365日か一定の時間帯に限られるのか，等といった点で両者に認識齟齬が生じるおそれがあるのです（**図表 4 － 3**）。このような認識齟齬が不具合からの迅速な復旧を妨げ，トラブルの

図表4－3　あいまいな記載による認識齟齬の例

種となるため，個々の事案に応じて契約で明確に規定する必要があります。

2．3　システムベンダの免責事項

　残念ながら，システムは一度本稼働をスタートしたとしても，24時間365日，必ずしも常に正常に稼働し続けるとは限りません。第1章でご説明したとおり，システムはサーバやネットワーク機器などのハードウェアを用いて稼働しているため，天災（地震，台風等の悪天候など）やテロ，戦争などでシステムのサーバ環境等が物理的に破壊されてしまった場合，システムが停止してしまうおそれがあります。また，感染症の蔓延等で深刻な人手不足（政府により自宅待機指示等が出た場合を含む）が生じた場合，契約上予定されていた作業をすべて実施することが難しくなり，その結果一時的にシステムの一部機能を停止せざるを得ないおそれもあります。また，システムを稼働するための通信サービスや電力の供給が事故や障害により停止してしまった場合，それに伴ってシステムが停止してしまうおそれもあります（**図表4－4**）。

　このようにシステムが一時的にでも稼働を停止してしまった場合，その影響は単にその間システムを利用した業務ができなくなるというだけではありません。それまで蓄積されていたデータが破損・紛失してしまうおそれがあり，最悪の場合，その破損・紛失したデータを元に戻すことは困難である場合もあるのです。不測の事態によるシステムの停止リスクを低減するには，システム開

図表 4 － 4　さまざまなシステム障害の原因

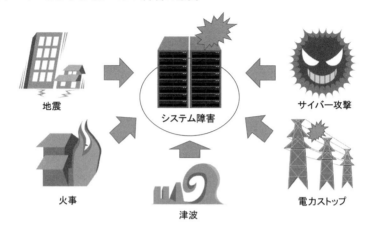

発フェーズからこれに備えておくことが必要です。一例ですが，あらかじめサーバを複数箇所に設ける等の復旧体制を構築しておく，データの破損があっても復旧できるようデータバックアップをこまめに取るようにしておく等の方法により，可能な限り稼働を維持し，またシステム復旧にかかる時間を短くすることは可能でしょう。しかし，不慮の事態に強いシステム環境を構築しようとすればするほど費用は高額になりうるので，ユーザ自身の要望，当該システムを利用する業務の性質と費用のバランスを考えなければなりません。とはいえ，ユーザのシステム予算には当然限界がありますし，どれほど予算を投じても「絶対に壊れないシステム」をつくることは不可能です。同様に，システムベンダとしても，運用・保守中にいかなる状況でも支障なくシステムが安定稼働することを保証することは現実的ではありません。そのため，システムベンダとしては，運用・保守契約において，帰責性がない事由によりシステム障害が起きた場合当事者の債務を免除する，いわゆる不可抗力の規定や，一定の事由が発生した場合にはシステムベンダを免責する旨の規定を設けることが多いです。第Ⅱ部の運用・保守契約の雛形および条文解説（30条，31条）において例を掲載していますが，重要な点は，各事案によって想定されるリスクをあらかじめ抽出し，どこまでを免責対象とするかをシステムベンダとユーザでよくよく検討しておくことです。

2.4　サービスレベルアグリーメント（SLA）とは

　運用・保守業務は，その業務の性質上何をもって契約を履行したと評価するかが難しい側面があります。この点を解決する具体的な方法の1つとして，SLAに合意する方法があります。SLAでは，システムの稼働率や障害発生時の対応時間等について，その基準を数値で示し，ベンダはこれを満たすように運用・保守業務を遂行します。具体的なSLAの内容としては，図表4-5のような例が挙げられます。

　SLAを努力目標型ではなく義務型にする場合，システムベンダにとってはその内容が契約上の履行義務となるため，内容を厳格に精査しなければならず，合意に達するのに相当なコストがかかるおそれがあります。また，先にも述べたとおり，ユーザの要求するサービス水準が想定より高かった場合，システムベンダとしては損害賠償等のリスクを価格に反映せざるを得なくなり，結果ユーザにとってもマイナスとなってしまうおそれもあります。したがって，努力目標型のSLAのほうがユーザとシステムベンダともに利用しやすく，システム開発の実務においても広く利用されています。目標としての効力をユーザが懸念する場合には，努力目標を達成した場合にシステムベンダにインセンティブを与える形態とすることで，システムベンダの達成への動機付けを図る場合もあります。こうしたSLAをあらかじめユーザと締結しておくことで，ユーザにとっては一定以上の水準でシステムの稼働が保たれるであろうことが確認でき，システムベンダにとっては，自分たちが果たすべき役割の水準はどのレベルであるかをあらかじめユーザと合意しておくことで，後日の紛争を防

図表4-5　SLAの例

内容	サービスレベル
システムが提供される時間のうち，故障による停止時間を除いた時間の割合	99.5%
ウイルス検知から通知まで	15分以内
不正アクセスから通知まで	15分以内
障害発生から復旧まで	2時間以内

止し，必要十分な運用・保守体制を維持することができるのです。なお，運用・保守契約の性質に応じた責任をシステムベンダは負っているため，義務型でのSLAを定めない場合であっても，発注者であるユーザはシステムベンダの善管注意義務違反等を問う選択肢があります。

2.5　運用・保守業務に伴う個人情報の取扱い

　運用・保守業務において，個人情報の取扱いに関する法的整理が重要な論点となることは少なくありません。本書において例として挙げている勤怠管理システムを考えると，サーバにはユーザ従業員の個人情報（個人情報保護法に定める概念では「個人データ」）が多数含まれているでしょう。こうしたサーバの保守をシステムベンダが請け負う場合，受託者のシステムベンダに個人情報の取扱いが「委託」された，という整理になるのでしょうか。この点，個人情報保護委員会が作成・公表している「『個人情報の保護に関する法律についてのガイドライン』および『個人データの漏えい等の事案が発生した場合等の対応について』に関するQ&A」のQ5-35によれば，①委託契約の条項等によって受託者が個人データを取り扱わない旨が定められており，②適切なアクセス制御が行われている場合等について，個人データの取扱いの委託は行われていない，と評価されます（当該ガイドラインに，保守業務が委託にあたる場合とあたらない場合の具体例が示されていますので，詳細はこちらをご確認ください）。

　個人データの取扱いを委託することになる場合，委託元は委託先となるシステムベンダに対し個人情報保護法第22条に基づいて，「必要かつ適切な監督」を行わなければなりません。ガイドラインによれば，この「必要かつ適切な監督」の具体的な内容として，以下の3つを実施する必要があります。

　(1)　適切な委託先の選定
　(2)　委託契約の締結
　(3)　委託先における個人データ取扱い状況の把握

　システムベンダは，個人情報を取り扱う際の会社としてのルールを細かく設定していることがほとんどです。そのため，ユーザの委託元としての監督義務の履行の一環として，システムベンダのルールを確認することも重要です。

3　セキュリティ対策

3.1　セキュリティ対策とは

　システムベンダは，個人情報や機密情報の漏洩，不正アクセス行為による情報の改ざん，ウイルス等の侵入，システムダウン等という事態から保護するために情報セキュリティを確保します。情報システムのセキュリティを確保するためには，保護対象のシステムに対して想定される脅威を洗い出し，当該脅威の発現可能性や対策コストを踏まえ，ユーザとシステムベンダで許容範囲を設定し，セキュリティリスクをコントロールすることが求められます（**図表4－6**）。

　中でも重要なのは外部からの攻撃に対するセキュリティ対策ですが，近年ではハッキング技術やウイルスは非常に速いスピードで進歩しており（この現象を「日進月歩」をもじって「秒進分歩」と呼ぶこともあります），これらに対する対策が追い付かない状況であり，依然として攻撃者に有利[3]な状況となっています（**図表4－7**）。そのため，セキュリティ対策は常に後手に回らざるを得

図表4－6　セキュリティリスクのコントロール

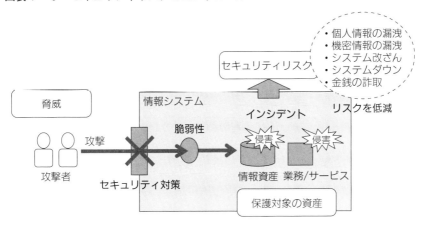

図表 4 − 7　セキュリティ対策における攻撃者の優位性

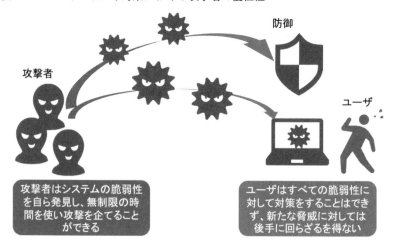

ず，完全な対策を実施することは極めて難しく，なるべく攻撃にあわないための対策や攻撃にあったとしても被害が最小限になるような対策を施すことが求められています。

3.2　セキュリティ対策の具体例

　セキュリティ対策は，設計・製造工程で開発契約に基づき，技術面での作り込みを実施し，運用・保守フェーズでは，運用・保守契約に基づき，当該セキュリティ対策を運用します。具体例としては図表 4 − 8 のとおりです。

3.3　セキュリティ対策を定める時期

　セキュリティ対策において問題が顕在化するのは運用・保守フェーズが多いことから，どの程度の水準のセキュリティ対策を実施すればシステムベンダが業務を履行したと言えるかを明確に合意しなければ，システムベンダがセキュリティ対策に関して負っている義務の範囲が不明確となってしまいますので，

3　攻撃者は，セキュリティ対策の弱点を事前に把握することができるうえ，攻撃を行うための時間が無制限にあります。その一方でシステムを守っている側は，すべての脆弱性を瞬時に防ぐことができません。そのことから，攻撃者が有利といえます。

図表 4 − 8　運用・保守契約に基づくセキュリティ対策運用例

【設計・製造工程でのセキュリティ対策（技術面）】
・ID/パスワードの入力を多段階認証できるよう開発する
・ウイルスチェックを自動的に行えるように開発する
【運用・保守フェーズでのセキュリティ対策（運用面）】
・OS や第三者ソフトウェアに対してセキュリティパッチ[4]を適用する
・サイバー攻撃への対応
・日頃からウイルスの仕込まれたメールを開封しないよう訓練する
・ウイルスが仕込まれたメールを開封した PC についてはネットワーク切断をして被害を最小限に食い止める等の対策を用意する

運用・保守フェーズに着手する前に具体的な業務内容についてあらかじめ合意しておく必要があります。運用・保守業務として合意したセキュリティ対策の内容によっては，設計工程や製造工程における技術的な作り込みが必要なもの（たとえば，ID・パスワードの認証を多段階にする等）もあるため，当該工程から運用・保守工程で求められるセキュリティ対策についてユーザとシステムベンダは意識合わせする必要があります。

3.4　契約書における整理

　運用・保守工程のセキュリティ対策に関しては，開発契約とは別の運用・保守契約を締結する際に定めます（条文内容については，第Ⅱ部の逐条解説をご参照ください）。運用・保守契約では，どのレベルのセキュリティ対策を施すのかに加えて，想定外のサイバー攻撃を受けた際にはどうするのかについても両者合意をすることが望ましいです。また，想定外のサイバー攻撃が起こる可能性は多分にあることから，想定外のサイバー攻撃が生じた場合のユーザに対しての通知方法やシステムベンダの対応方法，費用請求方法等について，両者間

4　セキュリティパッチとは，プログラムに安全上の欠陥（システム業界では脆弱性やセキュリティホールなどと呼ぶ）が発見された場合に，それらの欠陥を修正することを目的に作られるプログラムを指します。ソフトウェア等の製品はリリース後に安全上の欠陥が発見されることがありますが，セキュリティパッチを適用（インストール）することで，その問題を解消し，製品をより安全な状態に保つことができます。ただし，セキュリティパッチも安全上の欠陥が発見された後に対策として打たれる手であり，完全な対策ではないことにご留意ください。

で事前に合意することも望ましいです。

　なお，運用・保守契約は年度ごとに自動更新をする場合が多いですが，前年度と同様のセキュリティ対策では不足の点については見直しを行い，セキュリティ対策のアップデートが必要になることがあります。また，セキュリティ対策のアップデートの程度によっては，前年度と同様の運用・保守体制では足りず，人員増強するなどにより，ユーザの費用負担が増加する可能性もあります。

3.5　セキュリティ対策に関する裁判例

⑴　システムベンダのセキュリティ対策に対する義務

　ユーザとの間で明確な合意がない場合，情報漏洩等が生じた場合のシステムベンダのセキュリティ対策に対する義務はどこまであるのか，が問題となることがあります。製造工程に関わる点にはなりますが，内閣官房内閣サイバーセキュリティセンター（NISC）[5]によれば，システムベンダは，ユーザとの別段の合意がない場合，適切なセキュリティ対策が取られたシステムを提供する義務があり，締結された契約や仕様書に当該セキュリティ対策について記述されていることはもちろんのこと，記述されていない場合でも，開発当時の技術水準に沿ったセキュリティ対策を施すことが黙示に合意されたとみなされるとされています。東京地判平成26年1月23日（判時2221号71頁）でも，同様にシステムベンダで実施すべきセキュリティ対策について，ユーザとシステムベンダ間で特段の合意がなかったのであれば，契約締結当時の技術水準に照らした対策をすべきであると示しています。

⑵　契約締結当時の技術水準

　では，この「契約締結当時の技術水準」とはどのようなものでしょうか。

　IPAは，2017年にSQLインジェクション攻撃[6]に対する対応はシステムベンダの当然の債務と発表しました[7]。一方で，利用者に対するログインやログオフ履歴情報の提供，タイムアウト機能，パスワード入力失敗の回数上限等につい

5　2014年11月，サイバーセキュリティ基本法が成立し，これに基づき2015年1月，内閣に「サイバーセキュリティ戦略本部」が設置され，同時に，内閣官房に「内閣サイバーセキュリティセンター（NISC）」が設置されました。

ては，対策としては望ましいと言及しているものの，システムベンダの債務とまでは明言していません。このように，契約締結当時の技術水準として，IPA等の機関の発表内容で触れられているセキュリティ対策を参照することは可能です。

(3)　セキュリティ対策の合意の必要性

　しかし，毎日あらゆるサイトでセキュリティ対策についての情報が更新されており，システムベンダがすべての情報をキャッチアップして対応することは難しいのが現状です。また，前述のとおり，システムベンダには，契約締結時点の技術水準のセキュリティ対策を施す義務があるものの，NISCでは，ユーザが無関心ですべてシステムベンダに丸投げする形は望ましくはないとも警鐘を鳴らしています。個人データや機密情報等の流出が懸念されるシステムをシステムベンダに発注する場合，ユーザは，当該システムにセキュリティ対策を施さなければどのような危害・損失が発生するのか等について，システムベンダとの間で十分な協議を実施し，必要な対策を講じるために合理的なコストの負担を検討することが必要となるのです[8]。

　さらに，IPAの発表等，ある程度指針は存在しているものの，契約締結時点の技術水準についてもユーザとシステムベンダ間で認識に隔たりが生じる可能性も十分にあります。そこで，製造工程においても，どのレベルまでのセキュリティ対策を実施することとするのか，システムベンダとユーザとの間であらかじめ明確かつ具体的に合意することが望ましいといえます。

6　SQLインジェクション攻撃とは，アプリケーションのセキュリティ上の不備を意図的に利用し，アプリケーションが想定しないSQL文（データベース言語）を実行させることにより，データベースシステムを不正に操作する攻撃方法をいいます。

7　情報処理推進機構（IPA）「平成18年度調査研究報告書 大企業・中堅企業の情報システムのセキュリティ対策〜脅威と対策〜」（平成19年3月）なお，平成18年2月20日に経済産業省もSQLインジェクション攻撃に関する注意喚起文書を発行しています。
https://www.meti.go.jp/policy/it_policy/privacy/kanki.html

8　前掲の東京地判平成26年1月23日でも，ユーザのシステム担当者がセキュリティ上は情報をデータベースに保持しないほうがいいことを認識し，システムベンダからシステム改修の提案を受けていながら，対策を講じずにこれを放置したことによって，情報流出の要因の1つとなったとして，ベンダに生じた損害の3割の過失相殺を相当としました。

4　運用・保守の終期

　これまでの説明のとおり，ベンダに運用・保守を委託することによって，システムを円滑に利用することができますが，構築したシステムを半永久的に利用し続けられるわけではありません。システムには耐用年数があり（これを一般的には「システムライフ」と呼びます），一般的なシステムの場合には通常は5〜7年と設定するケースが多いです（**図表4-9**）。ただし，実際には，予算の都合などの理由により，同じシステムを10年以上使い続けているケースも存在します。ユーザとしては，システム開発を終え，運用・保守フェーズに移行した後もなお，このシステムライフを迎える前に，次期システムの構築を準備・実行し，システムを停止させずにスムーズな移行を図ることを意識することが重要な課題となります。

　このシステムライフが存在する理由の1つとしては，ハードウェアの補修用

図表4-9　システムライフのサイクル

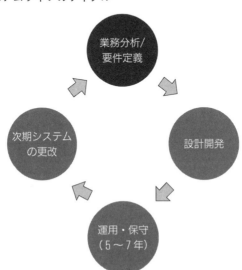

性能部品の保有期間が挙げられます。パソコン，プリンタ，サーバといった情報システムに関連するハードウェアの補修用性能部品の保有期間は，当該ハードウェアの製造ベンダが製造終了から5年程度に設定していることが多いです。保有期間が経過したからといって，ただちに部品の在庫がなくなりハードウェアが使えなくなるわけではありませんが，システムライフを超えて使用しているシステムの場合には，ハードウェアが故障した際に部品の在庫がなく修理できない，あるいは必要な部品の調達に時間を要するという事態が発生する可能性があります。その結果，その期間システムが利用できないだけでなく，システム上のデータが消滅してしまい復旧もできない，といった状態に陥るリスクも想定され，ユーザの事業運営に致命的な影響が生じるおそれも否定できないため，通常は，システムライフを迎える前に余裕を持って新しいシステムに更改や移行することが望ましいといえます。

　また，仮にハードウェアの補修用性能部品は調達できるとしても，ユーザがシステムを使い続けている間に大量のデータが蓄積されることなどによって，システムにかかる負荷が徐々に高まり，ハードウェアの性能自体が低下することがあります。同様に，システム導入時のデータを処理する技術が導入後に増加したデータ量に追い付かずに，システムの動作に膨大な時間がかかってしまってシステムが使い物にならなくなる，というケースもあり，いずれの場合であってもシステムを用いた円滑な業務遂行の妨げにもなりかねませんので，こういった観点からもシステムライフを意識する必要があります。

　さらに，もう1つの大きな理由としては，第1章で触れたOSやミドルウェア等の第三者ソフトウェアのサポート切れ（セキュリティパッチの提供やユーザからの問い合わせ対応などを終了すること）という事情もあります。第三者ソフトウェアの製造ベンダがサポートを打ち切ることは，当該第三者ソフトウェアの動作が不安定になったり，セキュリティ攻撃を受けるリスクが高まったりすることにつながることから，OS等のサポート切れのタイミングもシステムライフを構成する要素の1つで，システムを更改する大きな契機となります。

　最後に，システムの実現する機能自体についても，法改正，事業内容の変動，社員の入れ替わりなどによって時間の経過とともに変わってくるため，一度作ったシステムの機能がそのまま半永久的に利用できる，というケースはほぼ

ないでしょう。システムライフへの対応として，最低限の機能追加を繰り返してしのぎ続けた結果，つぎはぎだらけの非常に複雑な構造のシステムとなってしまい，それに伴い運用・保守の作業が煩雑となって，運用・保守費用が高騰してしまうという可能性もあります。こういったシステムの場合，システムを無理に維持するよりも，システム全体を更改してしまったほうがトータルコストとして安上がりになる，というケースも存在します。

　このように，ユーザには，システムが完成しうまく運用が始まった後もシステムライフや更改のタイミングを意識したシステム管理が求められ，システムベンダもそれに合わせてユーザに対して必要な支援をしていくことになり，ユーザとベンダの関係は一般的に長期に及ぶため，お互いの役割を果たしつつ信頼関係を築くことが重要です。

事例紹介⑭

ハードウェアの耐用年数

　あるユーザの店舗に設置している受付システムは，7年前に開発したものでハードウェアの耐用年数を超過してしまい，システムベンダからも更改を提案しましたが，予算が確保できず，そのまま使い続けていました。ところが，使用開始から7年を超過したころから，システムが突然停止するなどのトラブルが発生するようになり，ユーザは，システムベンダにトラブルの解消を依頼しましたが，耐用年数を超過したハードウェアの動作不良の解消は困難との回答でした。このままでは店舗にくるお客様からのクレームにもつながりかねないため，ユーザは急いで予算をねん出し，システムの更改を決定しましたが，更改までの間，トラブルは続き，その都度，対応費用なども発生することになりました。ユーザにとってハードウェアの耐用年数を意識することが重要です。

第5章
新たな開発手法と契約形態

　本章では，これまでに紹介してきたウォーターフォール型開発手法によるシステム開発とは異なった，開発手法や技術の発展・これらに伴う新たな種類の契約形態，さらにはユーザとシステムベンダのかかわり方の変化について紹介していきます。

1　アジャイル開発

　第4章までは，ウォーターフォール型のソフトウェア開発（以下 WF 開発）について解説してきましたが，ここでは近年注目が集まっている，「非ウォーターフォール型」のソフトウェア開発モデルの代表として，アジャイル開発について，ご紹介します。

1.1　アジャイル開発とは

　従来の WF 開発は，品質の高いソフトウェアを生産性高く開発するために，開発初期に要件を確定させ，要件定義書等の形で仕様を固定化して開発モデルに乗せてきました。しかし，近年のビジネス環境は変化が激しく，優先度も刻一刻と変化していきます。そうした環境下では，初期に要求事項を固定すること自体が製品やサービスの販売リスクを拡大してしまうおそれがあります。そこで，新たなソフトウェア開発モデルが注目され始めました。

　その1つであるアジャイル開発は，変化が早く，不確実性が高いビジネス環

境に迅速に対応するために，比較的短期間で開発と試験を繰り返し，ソフトウェアが提供する価値を最大化するための開発手法の総称です。アジャイル開発では，(1)ビジネスの失敗リスクを低減する，(2)早期にソフトウェアを利用し，エンドユーザからのフィードバックを得ることで，ビジネスの成功確率を高めることができる，(3)ビジネス環境の変化にソフトウェアを可能な限り合わせ改良させることで，ITによるビジネス価値を高める，といったことが期待されています。なお，アジャイル開発という用語は，狭義にはソフトウェアの作り方を意味しますが，広義には，ユーザが真に必要とするソフトウェアに成長させていくためのビジネスの作り方を意味します。

1.2　ウォーターフォール型開発との比較

WF開発では第4章までに説明したとおり，最初に全体の機能設計や開発計画を決定し，この計画に従って要件定義工程，設計工程，製造工程，試験工程を進めます。このとき，各工程は段階的に順番に完了させ，基本的には前工程に戻ることなく当該プロセスを一度回わすことでシステムを開発・実装していく手法です。この手法では，(特に開発期間が年単位など長期間に及ぶ場合)開発期間の経過とともに，ビジネス環境に変化が生じる一方，システムの開発は当初計画した機能設計どおりに行われるため，こうした変化に柔軟に対応できない，というデメリットがあります。

他方，アジャイル開発では，実装方法の検討から試験，リリースまでを繰り返して開発していきます(図表5−1)。この手法では，ビジネス環境の早い変化や不確実性に対応しつつ，顧客の反応に基づいて素早い改善を繰り返すことができます。従来のWF開発と比べて，比較的小さな単位で開発を行うシステムやソフトウェアに向いているといえます。

図表 5 − 1　WF 開発とアジャイル開発の違い

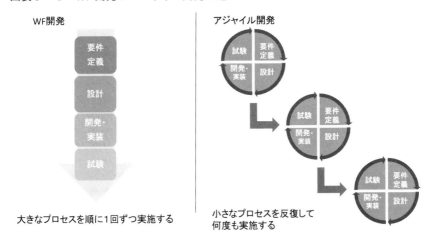

WF開発

大きなプロセスを順に1回ずつ実施する

アジャイル開発

小さなプロセスを反復して
何度も実施する

1. 3　アジャイル開発の手法（スクラム開発）

⑴　スクラム開発とは

　アジャイル開発にはさまざまな手法がありますが，本書では現在主流となっているスクラム開発方法をご紹介します[1]。スクラムとはラグビーの用語(ラグビーで両陣が，8名ずつ肩を組んで1つの集団を作り，ぶつかり合う際のフォーメーション）が語源であり，チームを組んで，チームが一体となって働くことを重視した手法です。スクラム開発では，要件を一覧化したプロダクトバック

1　他の手法として，XP（エクストリーム・プログラミング）があります。XP とは，エンジニアリング技法に重きを置いた開発方法論を言い，以下のような手法を活用します。
- 2 人（または 3 人）1 組でプログラミング（ペアプログラミング）することでリアルタイムにディスカッションし，要件定義，設計，試験，プログラミングの懸念事項に対処する。
- 細分化された単位で何でもテストし，可能な限りテストを自動化させる（テストファースト）。
- システム全体を初めに設計せず，進みながら設計し，必要に応じて改善を加える。
- 機能へのインターフェイスを変更せず実装を変更し，自動化したテストを使ってリファクタリングの影響を判断する（リファクタリング）。
  事前に立てた計画よりも途中変更などの柔軟性を重視する手法で，技術面を重視するという点でプログラマを中心した開発手法といえます。

図表 5 − 2　アジャイル開発（スクラム開発）のプロセスイメージ

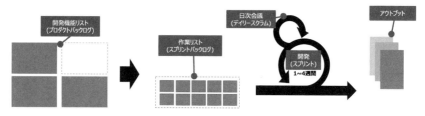

ログ（開発対象のシステムの機能や技術的改善要素を，優先順位を付けて記述したもので，チームメンバ全員が参照し，現在の開発状況を把握できるようにするためのものです）をもとに，1〜4週間の短いサイクルで実装方法の検討から試験，リリースまでを繰り返して開発していきます。このサイクルを「スプリント」と呼びます。スプリントごとに機能をリリースすることで，ソフトウェアを市場やエンドユーザのニーズに合わせて，柔軟に変更・改善していくことが可能となります（図表 5 − 2 ）。

(2)　スクラムチームの役割分担

　開発プロジェクトを担うスクラムチームは，「プロダクトオーナー」「スクラムマスター」「開発チーム（開発者）」の 3 つの役割で構成されます。

　プロダクトオーナーとは，開発対象システムの要求・仕様，優先順位など，プロダクトに関し責任を持つ最高責任者です。プロジェクトにおいて，何を開発するか決める役割を持ち，生み出されるプロダクトの価値の最大化に責任を持ちます。スクラム開発でのシステム開発をユーザが委託する場合，基本的にユーザから選任されます。

　スクラムマスターとは，プロセスをうまく回し，チームの生産性を最大化するリーダーをいいます。チームメンバに対し作業指示を出す指示型リーダーではなく，チームの仕事がうまく回っているか，課題は何か等を確認するサポート型リーダーです。

　開発チームは，実際に開発作業に携わる開発者で構成され，動作するソフト

ウェアをスプリント期間（スクラム開発における1サイクルの開発期間のことで，1カ月以内で固定化し設定することが多いです）に開発します。開発チームには，自分たちの作業を管理するために，組織から体制と権限を与えられています。全開発作業をマルチにカバーするスキルと自律性が求められます。

(3)　スクラム開発の会議体

スクラム開発において実施される会議体としては以下のようなものがあります。これらの会議体を繰り返し回すことで，全体の開発を進めていくのです。

①　スプリントプランニング

1週間から4週間のスプリント期間で開発する対象機能の要求を決定する会議をいいます。システム全体の開発計画を最初にまとめて立案するのではなく，この会議を短期に繰り返し行うことで，一部の機能ずつ計画します。

②　ディリースクラム

1日の作業内容のチェックと次の日の作業の予測をする会議をいい，基本的に毎日行われます。日々，プロジェクトの作業状況をチェック，予測し，是正するためのものです。

③　スプリントレビュー

スプリント期間中に開発したソフトウェアへのフィードバックと新規の機能要求等の情報収集を行います。実際に動作するソフトウェアで早期にフィードバックを獲得します。

④　スプリントレトロスペクティブ（振り返り）

スプリント期間における開発プロセスのチェックと是正（プロセス改善）を行います。プロジェクト期間中，継続的に行うことで，開発プロセスの改善を行います。

(4)　スクラム開発の成果物

スクラム開発による成果物としては以下のようなものがあります。

①　プロダクトバックログ

プロダクトに求められる要求を一意に順位付けしたリストをいいます。必ず「一意」に優先順位付けされ，誰でもいつでも見ることができます。

図表 5 − 3　スクラム開発のフレームワーク

出典：IPA・経済産業省「情報システム・モデル取引・契約書＜アジャイル開発版＞アジャイル開発進め方の指針」（2020年 3 月）

②　スプリントバックログ

プロダクトバックログからスプリント期間中に開発チームが行うべき作業を抜き出したリストをいい，「Done の定義」と呼ばれる完了基準を必ず定義します。

③　インクリメント

スプリント期間完了後にできあがるアウトプットのことで，動作するソフトウェア（ドキュメントではなく実際のプロダクト）をいいます。

以上の要素（スクラムチームの体制，会議体，成果物）を備えることがスクラム開発のフレームワーク（一般的に多く用いられる型）といえます（**図表 5 − 3**）。

1. 4　アジャイル開発のメリット

アジャイル開発（特に前述のスクラム開発）では，開発当初にチームメンバ間でプロジェクトのビジョンや目的を共有しますが，細かいシステム要件や仕様は決定しません。小単位のスプリントを繰り返して，期間と予算との関連を考慮しながら，開発チームとのコミュニケーションをもとに，プロダクトオーナーが開発する機能を都度決定します。そのため，柔軟に仕様の変更に対応す

ることができ，急激に変化するビジネス環境にも迅速に対応することができることが最大のメリットとなります。また，たとえば，あるスプリントにおいて，試験で問題が発覚した場合，そのスプリント内で確認を行えば，問題を修正することができる，という利点もあります。

1.5　アジャイル開発の留意点

　しかし，すべてのシステム開発においてアジャイル開発の手法が適しているわけでは必ずしもありません。日本において，アジャイル開発はいまだ広く用いられている手法とはいいがたく，事例が少ないため，手探りで進められているのが実態といえます。また，アジャイル開発においては，従来の WF 開発以上にユーザとシステムベンダ間の協働が重要となります。経済産業省の発表している「デジタル・トランスフォーメーション（DX）レポート～IT システム「2025年の崖」克服と DX の本格的な展開～」でも指摘されているように，システム開発においては，従来の WF 開発であっても，要件定義工程から開発工程まで，ユーザがシステムベンダに任せきり，いわゆる丸投げの状態になってしまっていることがあります。しかし，アジャイル開発では，従来の WF 開発よりさらに，ユーザのプロジェクトに対するコミットメントが求められ，丸投げの状態では，プロジェクトがとん挫してしまうリスクが非常に高くなります。なぜなら，プロジェクトの開始当初の段階で開発システムの要件を厳密には定めず，スプリントを繰り返しながら柔軟に要件を変更して詰めていく，というアジャイル開発の性質上，ユーザから選任されるプロダクトオーナーが，どのような仕様とするかを（ベンダ側と共同して行いつつ，最終的に）適切に意思決定を行い，要件を確定することが非常に重要となるからです。そうした意味で，ユーザは，プロダクトの方向性や内容を決定するために主体的かつ積極的な関与が必要となり，相応の負担が伴うことを覚悟しておく必要があります。

　アジャイル開発を用いるシステム開発は，契約形態等をどうするか，という問題以前に，契約前チェックリスト[2]等を用いて，ユーザとシステムベンダ双方

2　情報処理推進機構(IPA)「アジャイル開発版「情報システム・モデル取引・契約書」」(2020)における表1　契約前チェックリストのチェックポイント参照のこと。
https://www.ipa.go.jp/ikc/reports/20200331_1.html

がアジャイル開発について理解を深め，システムベンダとユーザの協力，および ユーザのコミットメントが求められることに留意する必要があります。

　なお，契約形態の問題以前に，ユーザとシステムベンダ双方が理解を深める ことが重要と述べましたが，契約形態について付言すると，アジャイル開発は， そのプロセスの中で，機能の追加・変更や優先順位の変更，先行リリース部分 の改善などに柔軟に対応する手法であるため，あらかじめ特定した成果物の完 成に対して成果を支払う請負契約には馴染まず，ベンダが業務を遂行すること 自体に対価を支払う準委任契約が適当です。

2　さまざまなシステムの利用形態

　本書では，個々のユーザの要望に合わせて個別にシステムを開発するプロ ジェクトを中心に説明していますが，システムを導入する方法はそれだけでは ありません。

2.1　不特定多数向けシステムの利用

　1つの方法としては，システムベンダが広く不特定多数のユーザに提供して いるシステムを利用することが考えられます。この場合，複数のユーザが同一 システムを共同利用するため，特定のユーザ向けに固有のシステムを開発する よりも，ユーザにとって利用開始までの期間が短くすみ，開発コストや運用期 間中のコストが抑えられるケースが多いです。また，ユーザがハードウェア等 の資産を保有する必要がなく，一般的にはハードウェアの更改などもシステム ベンダが行うため，ユーザはシステム更改の計画等を自ら行う必要なく，シス テムを利用し続けられるというメリットがあります。他方で，こうした共同利 用型のシステムを利用する場合，当該システムがユーザ固有の事象や個別の要 望すべてに対応できているとは限らず，ユーザの業務プロセスをシステムに合 わせるため，業務プロセスの見直しが必要となるなど，ユーザの個別の要望が 反映されにくいというデメリットがあります。

2．2　個社向けアウトソーシング・サービスの利用

　共同利用型のシステム導入のメリットを享受しつつ，デメリットを解消するようなシステムの導入方法としては，アウトソーシング・サービスを利用する，ということが考えられます。アウトソーシングとは，一般に業務に必要なリソースを外部から調達することを指し，特に IT 分野で発生する業務を専門的な知識やスキルを有する外部業者へ委託することを IT アウトソーシングと言います。外部へ委託する業務範囲等によって，フルアウトソーシング，運用アウトソーシング，ホスティング，ハウジングなど，さまざまなバリエーションがあります。いずれも，システム関連事業がコア事業でないユーザ自らが，自社のシステム管理のために IT 人材を確保する負担を解消し，自身はコア事業に注力することで業務効率を向上させ，IT 分野については外部専門家により業務水準の向上を図ること等を目的として実施されています。

　中でもいわゆる「フルアウトソーシング」が，共同利用型のシステム導入のメリットを享受しつつ，デメリットを解消したシステムの導入方法の最たるものといえます。これは，特定のシステムの業務機能のすべてをアウトソーシングするモデルで，システムの開発から運用・保守まで一括してシステムベンダが担い，完成したシステムはシステムベンダが資産として保有し続けます。ユーザには完成したシステムをシステムベンダから提供し，ユーザはシステムベンダに対してシステムの利用料を支払います（このモデルの派生形として，システム資産をユーザが保有するケースもあります）。この場合，システムは特定のユーザ向けに開発されるため，ユーザの要望に合わせて仕様を決定し構築することができますが，システムはシステムベンダが保有するため，ユーザには資産管理等の負担が発生しません。またこのスキームでは，システムベンダによるシステム開発費はシステム利用料によって回収されるため，ユーザにとってはシステム開発費を一括で支払う必要がなく，資金計画への影響も柔軟に対応することができます。

　システムの導入を検討するにあたっては，ユーザの事情に合わせて利用形態を選択することも大切なポイントになります。

3　AI

　昨今では，AI（Artificial Intelligence，人工知能）と呼ばれる技術の発展がみられます。これに伴い，AI の開発・運用時の契約や，AI 開発のための重要なインプットとなるデータセットについてなどの新たな法的問題が生じてきています。本節では，AI とはそもそも何か，また契約スキームの特徴等について簡単に紹介します。

3.1　AI とは

　AI または人工知能という言葉を聞いて，思い浮かべるものは多種多様だと思います。ドラえもんや鉄腕アトムのように，機械がまるで人間のように心や知性を持つことをイメージする人もいるかもしれません。このような AI を，「強い AI」と呼ぶことがあります。しかし，そのような強い AI はまだ実現されておらず，現在 AI として使われている技術は人間の行うタスクの一部を機械によって代替させようとするものです。有名な例では，人間より高い精度で画像認識を行う AI や囲碁や将棋などの知的ゲームを行う AI が挙げられますが，こうした AI は，「強い AI」と対比して「弱い AI」と呼ばれます。現在開発・利用頻度が高まっているのがこの「弱い AI」であることから，本書において AI とは「弱い AI」を前提とします。

　ところで，「人間の行うタスクの一部を機械によって代替」というのは，ある意味，通常のソフトウェアにおいても実現されるものですが，ソフトウェアと AI にはどのような違いがあるのでしょうか。この違いを理解するには，昨今の AI 技術利用の広まりのきっかけとなった「機械学習」という学習方法，そして近年ますますの発展を見せる「ディープラーニング」という学習方法について理解する必要があります。これらは，いずれも AI が行う判断ロジックを実現する手段の１つであり，特にディープラーニングについては画像や自然言語等に対する性能の高さから注目が高まっています。

　機械学習と従来型のソフトウェアとの大きな違いは，機械学習では判断ロ

ジックを開発者自ら定義するのではなく，サンプルとして例示されたデータか
ら共通するパターンを抽出し判断ロジックを学習する点にあります。例を挙げ
て考えてみましょう。システムによって，乗り物の写真のうちから自動車とそ
うでないものとを見分けさせることを目指したとします。従来的な方法によれ
ば，自動車（正確にいえば自動車の写真）とはどのようなものがありうるかを
定義し，それに当てはまるような条件を設定しなければなりません。しかし，
私たちが自動車とそれ以外との見た目の違いを正確かつ十分に説明しきれない
ように，これを網羅的に条件付けするのは困難です。

　機械学習を用いる場合には，この「あらかじめの条件付け」がほとんど不要
となります。ではどのようにシステムが自動車とそれ以外を見極められるよう
になるかというと，「自動車」と「その他の乗り物」の大量の画像をあらかじめ
読み込ませることによって，これらの画像の数値的な特徴（特徴量といいます）
をシステムが学習します。これにより，新たな画像を読み込ませたときに，学
習した特徴をもとに「自動車」なのかそうでないのかを判断することが可能に
なるのです（**図表5－4**）。経済産業省が作成・公表している「AI・データの利
用に関する契約ガイドライン－AI編－」[3]（以下，本書では「AIガイドライン」
といいます）では，こういった特徴をとらえて，従来型のソフトウェア開発を
演繹的なアプローチとする一方，機械学習は実際に観測される事象（データ）

図表5－4　AIの学習イメージ

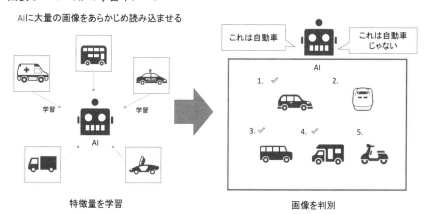

に基づいて開発する帰納的な手法と紹介されています。

　ディープラーニングとは，機械学習の手法の1つですが，機械学習との相違点は，「特徴量」を開発者が定義しなくてもよい，という点にあります。機械学習の場合，特徴量を開発者自身が定める必要がありました。たとえば，巨峰の画像とマスカットの画像の区別を機械学習で実現しようとした場合，その「色」に特徴があるということを開発者が設定しておいてから，画像を読み込ませていく必要がありました。ところが，ディープラーニングの手法を用いると，AI自体が「色に特徴がありそうだ」ということを学習の中で理解していきます。

　他方で，機械学習とディープラーニングの共通点は，それぞれを適用した結果生成されるソフトウェアの能力が，学習のもととなるデータの内容に依拠する点です。したがって，開発に着手するより前にそのソフトウェアの能力を正確に予想しづらくなってしまい，結果として，機械学習やディープラーニングの開発を行う際には，事前にその成果についてコミットすることが難しくなるといえるでしょう。

3.2　AIの開発

　AIの開発は，具体的に以下のような流れで行われます。なお，本項では原則として「AIガイドライン」に定める定義に準拠します。

　AIを商用サービスに活用するためのAI開発の主なゴールは，AIにデータを読み込ませ「学習済みモデル」を作成することです。そのために必要な工程は，「学習用データセット生成」と「学習済みモデル生成」の2つに分けられます（図表5－5）。

　学習用データセット生成とは，AIに学習させるためのデータを生成することを指します。ユーザがシステムベンダに委託してAIを開発する場合，ユーザからデータの提供がなされる場合が多くあります。しかし，この提供されたデータは学習用データとして不十分であることも多く，AI学習のためにこれを加工

3　経済産業省は，2018年6月にデータ利活用およびAI技術に関する契約の手引きとして「AI・データの利用に関する契約ガイドライン」を策定しました。その後，2018年の不正競争防止法改正に伴い，アップデート（1.1版）し，2019年12月に公表されました。
https://www.meti.go.jp/press/2019/12/20191209001/20191209001-3.pdf

図表5－5　「学習用データセット生成」と「学習済みモデル生成」

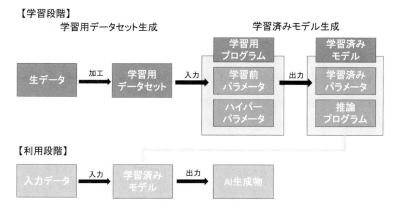

出典：経済産業省「AI・データの利用に関する契約ガイドライン（1.1版）」（2019年12月）を元に作成

することが必要です（なお，学習用データセットと対比して，AI学習用に加工等されていない一次的なデータを「生データ」といいます）。

　データ加工の例として，巨峰とマスカットを分類する前述のケースでは，それぞれの画像データがAI学習に必要になりますが，ある画像が巨峰なのかマスカットなのか，AIにわかるようにデータにラベリングを行う必要があります。また，そもそも巨峰とマスカット以外のブドウのデータが含まれていれば必要に応じこれを削除したり，画像データの内訳が正面からの画像に偏りすぎていれば必要なデータを追加したりする，といった作業が発生します。

　学習済みモデル生成とは，生成した学習用データセットを未学習のAIプログラム（「学習用プログラム」といいます）に読み込ませることによって，学習済みモデルを生成する工程を指します。読み込ませる中で，学習用プログラムが学習用データセットの中から一定の規則を見出し，その規則を「学習済みパラメータ」という数値的な特徴として学習します。この学習の結果得られた学習済みパラメータと推論プログラムを合わせ，「学習済みモデル」，つまり業務で使えるAIプログラムができあがるのです。

3.3　AIの契約

　ユーザがAIを使用したい場合は，どのような契約を締結するでしょうか。AIガイドラインによれば，以下の2つのケースが想定されます（**図表5－6**）。

　(1)　ユーザがシステムベンダにAIの作成を依頼する「開発」型

　(2)　AI技術を利用したサービスを提供する「サービス利用」型

　本書では，システムベンダとユーザ間の契約となる，①の「開発」型契約について紹介していきます。

(1)　「開発」型の契約

　ユーザが自らの業務に特化したAIの作成をシステムベンダに依頼するケースが想定されます。従来のシステム開発と同様にみえる本スキームにおいて，どのような契約が適切でしょうか。AIの開発がどのように進められるかについて，AIガイドラインは，AI開発は「探索的段階型」の方法で行うことを推奨しています。AI開発は，実施前の時点で，どのような内容・性能のAIができあがるか予測することが難しいといわれていることは前述したとおりです。加えて，ユーザが自らの業務に特化したAIを作成しようとした場合，ユーザ自らが保有する業務データをAIに学習させることも多くありますが，提供される

図表5－6　AIの契約

図表5−7　「探索的段階型」の開発方式

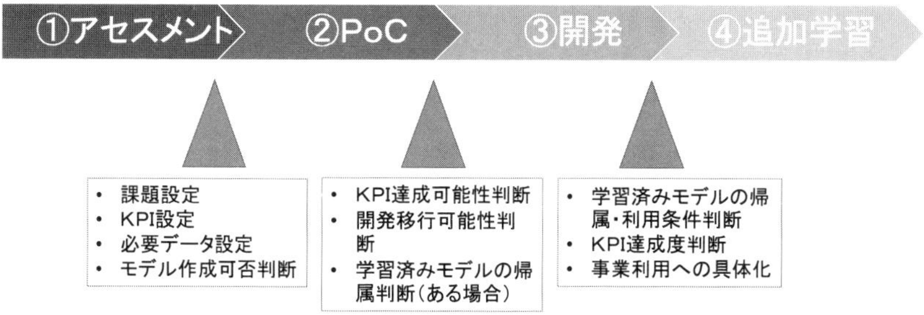

① アセスメント　② PoC　③ 開発　④ 追加学習

・ 課題設定 ・ KPI設定 ・ 必要データ設定 ・ モデル作成可否判断	・ KPI達成可能性判断 ・ 開発移行可能性判断 ・ 学習済みモデルの帰属判断（ある場合）	・ 学習済みモデルの帰属・利用条件判断 ・ KPI達成度判断 ・ 事業利用への具体化

出典：経済産業省「AI・データの利用に関する契約ガイドライン（1.1版）」43頁の図を元に著者にて作成

データの内容によって AI の性能が規定されるため，データの中身について不案内な状態で AI の開発を受託することはリスクが過大なものになってしまいます。そのため，AI の開発は大きく**図表5−7**のようなフェーズに分けられ，各段階において次の段階に進むべきかを検討しつつ進めていくことが推奨されています。

　そのため，AI を開発する場合の契約は，上の4段階を意識しつつ契約を行うことになります（**図表5−8**）。

図表5−8　「探索的段階型」の各段階の概要

	アセスメント	PoC	開発	追加学習
目的	一定量のデータを用いて学習済みモデルの生成可能性を検証する	学習用データセットを用いてユーザが希望する精度の学習済みモデルが生成できるかを検証する	学習済みモデルを生成する	システムベンダが納品した学習済みモデルについて，追加の学習用データセットを使って学習をする
成果物	レポート等	レポート/学習済みモデル（パイロット版）等	学習済みモデル等	再利用モデル等
契約	機密保持契約書等	導入検証契約書等	ソフトウェア開発契約書	さまざまな契約が想定される

　ただし，かならずしも各段階につき 1 つの契約を対応させることが必要なわけでなく，アセスメントと PoC を 1 つの契約でまとめる場合や，開発段階の契約が複数回に分かれることも想定されます。

⑵　開発型の契約における留意点

　AI ガイドラインによれば，AI を開発する際に，ユーザとシステムベンダの間では**図表 5 － 9** のような見解の対立があるとされています。

　これらは，大きく① AI の開発において生じる成果物の権利・利用条件に関する問題点，および② AI 開発における責任に関する問題点の 2 つに大別することができます。細かい問題は他にもありますが，本書では，この 2 点について紹介していきます。他の論点については，AI ガイドラインでご確認ください。

①　AI の開発において生じる成果物の権利

　開発段階で生じる成果物としては，ノウハウを除き**図表 5 －10**に示したものが想定されます。

図表 5 － 9　AI 開発におけるユーザとシステムベンダ間の見解の対立

	ユーザの見解	システムベンダの見解
成果物の権利および利用条件の問題	・開発費を支払い，学習済みモデル生成のための学習に用いるために価値あるデータ・ノウハウを提供したのだから，学習済みモデルに関する権利は全部自社のものとしたい。 ・学習済みモデルを競合事業者に使われたくない。 ・自社のデータ・ノウハウを外部に流出させたくない。 ・自らのデータを使って追加学習させて学習済みモデルの精度をさらに上げたい。	・プログラムやシステムに関する権利は，開発主体である自社に帰属してしかるべきである。 ・自社の研究・開発に関する事業自由度を確保したい。 ・学習済みモデルを横展開して一定の範囲で他社にも提供したい。 ・ユーザから受領したデータ以外でも追加学習して精度を上げた学習済みモデルを生成したい。
AI 開発における責任	・システムベンダにお願いすれば，ユーザの想定どおりの AI を開発してくれるはずである。 ・学習済みモデルやこれを用いたシステムは一定レベルのものを完成・納品してもらいたい。	・そもそもユーザの求める目的に合致する学習済みモデルを作成できるかどうかはやってみないとわからない。 ・学習済みモデルの完成や未知の入力（データ）に対して性能の保証はできない。

図表 5 − 10　開発段階で生じると想定される成果物

学習用データセット生成	・（厳密には成果物ではないが）生データ ・学習用データセット ・（学習用データセット生成にかかる）ノウハウ
学習済みモデル生成	・学習用プログラム ・学習済みモデル（学習済みパラメータ・推論プログラム） ・（学習済みモデル生成にかかる）ノウハウ

　AI の開発段階にかかわらず，当該工程においてどのような成果物が生成され，ユーザとシステムベンダがどう扱うかについて，契約で合意しておくことが重要になります。

　AI 開発において利用されるデータやプログラムは，それ自体が知的財産権に該当しそれゆえに一定のデフォルトルールの定めがあるものと，そうでないものが存在します。著作権を例に挙げると，たとえば，音楽や小説などの生データであればそれ自体が著作権法の下で著作権として保護されるでしょうし，学習用プログラムはプログラム著作物として認められる可能性が高いと思われます。他方で，著作物にあたらない例としては，AI 学習の過程で得られる学習済みパラメータが挙げられます。学習済みパラメータは単体では単なる数値の羅列であるため，一般にこれ自体で著作物性を有するとはいえないといわれています。

　こうした，AI 開発において用いられたり，作成されたりするデータ・プログラムの特殊性を踏まえると，次のような手順によりその権利帰属・利用条件の設定が必要となるといえます。

　まず，当該開発において利用されるデータ・プログラム等や，作成されるデータ・プログラム等を洗い出し，それぞれが知的財産の範囲に属するものなのか，そして知的財産に該当するものの場合，それがどちらの権利に属するかを決定します。そののち，当該知的財産について，両当事者の利用条件を設定します。

　しかし，物によっては知的財産の対象となりうるか明確でないもの（例：学習済みモデルの学習用パラメータ部分等）が存在しえます。そういったものについても，両者がどういった条件で利用できるかを明確にしておくべきです。

　一般に，AI開発はユーザ・システムベンダ双方の協力が必要であり，その協力によって得られた成果をどちらか一方のみが利用できるとすることは不自然かと思います。こういったことを受けてAIガイドラインでは，両当事者の開発に対する寄与度を考慮し，また当該プログラム等の利用条件の設定により当事者が確保したい利益を明確化し交渉すべきとしています。

　この点，先に述べたとおり，システムベンダとしては一度開発したAIを横展開できるようにしたいというニーズがある一方で，ユーザとしては，自らが提供したノウハウやデータ等の流出を懸念しこれに消極的になるというケースがあります。しかし，このような場合，たとえば，転用される学習済みモデルをユーザに事前に見せることでユーザの秘密情報やノウハウが含まれていないことを確認したうえで利用可とする，といった方法がとりえます。このように，ユーザの懸念が自らのデータ・ノウハウの秘密性が失われることにある場合は，協議によりそういった懸念を払しょくする方法が取れる場合があることは，AIガイドラインにおいても指摘されています。

　以下では，権利帰属で主に問題となる，「学習用データセット」「学習済みモデル」についてご紹介します。

●学習用データセットの取扱いについて

　開発契約の履行の中で作成された学習用データセットについて，その利用条件設定が問題になることがあります。これは当然にユーザに対して提供されるものではありませんが，元となる生データにユーザの秘密情報が含まれているような場合には，機密保持条項等の解釈によってはシステムベンダが自由に使うことも難しく，両者が転用を考える場合には契約において合意が必要な場合が多いと思われます。学習用データセットの帰属・利用条件を考えるにあたっては，AIガイドラインによれば**図表5−11**のようなポイントを考慮すべきと紹介しています。

　この点，特にデータセットの転用可能性が高い場合，システムベンダとしては本サービス以外のAI開発の目的でのデータの利用を希望することもありえますが，ユーザとしては自らのノウハウや営業秘密の流出を懸念しこれに抵抗を示す場合も少なくないでしょう。しかし，AI開発の際の方法によっては，完成したAI成果物からノウハウ・営業秘密の内容を推測することが困難である

図表 5 −11　学習用データセットの帰属・利用条件を考えるためのポイント

当事者の寄与	・生データの収集・蓄積に投下する費用・労力 ・生データの処理・加工に投下する費用・労力 ・学習用データセットの生成に要する各種ノウハウの希少性
データの性質	・生データ自体の価値（営業秘密性・希少性） ・学習用データセットの転用可能性 ・学習用データセットからの生データ復元可能性

場合もあり，そのようなケースでは当該成果物を第三者に提供したとしても第三者へのノウハウ流出の可能性が限定的であることもありえます。また前述したとおり，自らのノウハウや営業秘密が新たに作られた AI から知得されるかどうか，ユーザ自身の目で確認することによりその秘密が守られているかを確認することも可能です。

　これを踏まえると，ユーザは学習用データセットの利用について，一定の目的外利用をシステムベンダに認めることも現実的ではないでしょうか。

●学習済みモデルの取扱い

　学習済みモデルの取扱いについて考える際にまず検討しなければならないのは「学習済みモデルをどのように定義するか」です。AI 技術が現在進行形で発展していることもあり，その定義は必ずしも一様ではありません。したがって，AI 開発契約では成果物としての「学習済みモデル」に①学習用データセットを含むのか，②学習用プログラムを含むのか，③学習済みパラメータに加えて推論プログラムを含むのか，といったことについてあらかじめユーザとシステムベンダ間で認識を合わせるべきです。

　学習済みモデルの権利や利用条件についても問題となりえます。学習済みモデルは著作物性を有するプログラム部分と，著作物性を有さないといわれるパラメータ部分とで構成されており，学習済みモデルに関する一方当事者への著作権の帰属を定めるのみでは，その解釈について疑義が生じるおそれがあります。特に，パラメータ部分については著作物に該当する可能性が低いため，原則として，生成されたパラメータについて現実にアクセスすることができるシステムベンダには，これを自由に利用し，管理する地位があります。したがって，仮に生成されたパラメータに関する利用の制限をシステムベンダに設けた

い場合は，その条件を明確に定めておくべきです。

　AI ガイドラインによれば，特に以下の事項については，両者の間であらかじめ契約上合意しておくことがよいでといわれています。

- 利用目的（契約に規定された開発目的に限定するか否か）
- 利用期間
- 利用様態（複製，改変およびリバースエンジニアリングを認めるか）
- 第三者への利用許諾・譲渡の可否・範囲（他社への提供を認めるか，競合事業者への提供を禁じるか）
- 利益配分（ライセンスフィー，プロフィットシェア）

　再利用モデルについても簡単に紹介します。再利用モデルとは，ある学習済みモデルの推論プログラムに，当初の学習済みモデルのものとは異なる学習済みパラメータ等を有する学習済みモデルのことを指します。たとえば，追加学習により得られたパラメータを用いることで，より予測精度の高いモデルとなる場合があります。再利用モデルは，有しているパラメータが異なることから，もとの学習済みモデルとの法的な同一性が必ずしも明らかではありません。そのため，再利用モデルの生成や利用について相手方に制限をかけたい場合は，明確に合意しておくほうが望ましいです。

　②　AI 開発における責任に関する問題点

　AI 開発における責任を突き詰めると，AI 開発を行うための契約の法的性質はなんであるかに終着します。前述のとおり，費用をかけて開発を委託するユーザからすると，一定の品質が担保された成果物を期日までに納品してもらうことを確約してほしいと考えるでしょうし，システムベンダからすると AI 開発の性質上開発を進めてみなければ成果物の特徴や品質についてはわからないためそういった責任を負うことは現実的でないと考えるでしょう。この対立は，AI の開発契約を典型契約上の請負契約とみるか，それとも準委任契約とみるかという点に帰着します。この点，AI ガイドラインによれば，AI 開発の契約は準委任契約が親和的であるとしています。これは，AI 開発の以下のような特徴によります。

　1．学習済みモデルの内容・性能などが契約締結時に不明瞭な場合が多い

　2．学習済みモデルの内容・性能等が学習用データセットによって左右され

る

　1点目は，学習用データセットという限られたリソースから未知のさまざまな状況における法則を推測する，という AI 学習の性質上，AI 技術に習熟した技術者であっても，推測対象となるあらゆる事象を予測して学習を行うのは極めて困難であることが理由です。また，未知の入力に対しての AI の挙動は，究極的には不明確なものにならざるを得ません。そのため，契約締結時点においてユーザとシステムベンダの間で仕様や検収条件を確定することは難しい場合が多く，請負契約を採用することが困難になります。

　2点目は，学習済みモデルの生成は，学習用データセットの統計的な性質を利用して行われるため，次のような原理的な限界があるといわれています。

- 学習時と利用時の確率分布が大きく異なる場合には機能しないことがありえる
- 学習用データセットに通常性質が反映されないような「まれな事象」については，うまく推論することができない
- 学習用データセットから統計的なバイアスを排除することは不可能であり，生成された学習済みモデルを未知データに適用する場合には，本質的に誤差が生まれる可能性がある

　そのため，学習済みモデルの性能は学習用データセットの性能に依存し，学習用プログラムの仕様に問題ない場合であっても，ユーザの期待する予測精度の学習済みモデルを生成できない可能性は大いにあります。こういった性質も，AI 開発が一定の性能のシステムの完成を要求する請負契約になじまない原因の1つといえます。

　以上のような理由から，AI の開発では準委任契約がなじみやすいとされています。AI ガイドラインが制定されて久しい昨今では，このような考え方が一般的なものになりつつあります。

4　ユーザとベンダの関係と契約のあり方

4.1　ビジネスにおける IT の重要性

　ここ最近，経営（者）には IT 知識が不可欠だ，と言われます。これは，すさまじいスピードでビジネスが変動しているこの時代において，ビジネスモデルの転換や，社内の業務プロセスの見直しなど，事業運営に関するいかなる場面においても IT との関係は切り離せない，ということです。たとえば，製造業の会社が，単に製品を製造するのみならずその製品を活用したサービスを提供する，といったモデルへの転換を図ろうとしても，IT 知識が十分にないと，どのようなサービスであれば技術的に実現できるのか，実現できる場合のコストや開発期間，仕様上の制約は何か，どのようなリスクが存在するか，今後の業界の見通しはどうなっているか，といった事項について的確な判断ができません（なお，念のために付言しておくと，このような判断に際しては IT 以外にもさまざまな知識や経験が必要となることは言うまでもありません）。つまり，現代においては，経営判断には IT 知識が必要不可欠であると言っても過言ではないのです。

4.2　時代とともに変わりゆくユーザとベンダの関係

　しかし，IT を本業としないユーザにおいては，たとえ IT を専門とする組織が設置されていたとしても，最新の IT 技術や動向を独自にキャッチアップし，経営判断に活用することは相当な困難が伴うでしょう。そこで，システムベンダが最新の IT 技術や動向をしっかりとカバーして，ユーザに対して有益な知見の提供を行うことが重要となってきます。この際，ユーザとシステムベンダのそれぞれが有する知識をどのように組み合わせることによって効果を最大化できるか，について相互に理解を深めながら十分に検討することが重要です。当然，そのような活動はこれまでもユーザとシステムベンダとの間で行われてきているところではありますが，これまでは比較的，ユーザが実現したいと考

えるビジネスの内容等を実現するために，ベンダがどのような IT 技術を利用できるかを検討してユーザに対してその手段を提案する，といった形が多かったのではないかと思います。それが，IT 技術が秒進分歩（109頁参照）で進歩し，新たなビジネスモデルも日々登場してきている現代においては，ユーザがビジネスモデルを検討する際から IT を意識すること，そのためにユーザとシステムベンダが密になって連携することが不可欠になってきています。以下，具体例を用いてもう少し詳しく見ていきます。

4.3　金融と IT によるビジネスモデルの変革「FinTech」

　前述のような状況の変化はあらゆる業界において起こっていますが，たとえば，金融業界においては，金融業界と IT 業界が連携し顧客に向けてサービスを提供する「FinTech」と総称されるようなサービスが広く普及してきています。

　FinTech とは，金融（Finance）と技術（Technology）を掛け合わせた造語ですが，主に IT を活用した革新的な金融サービス事業をいいます。FinTech の具体例として，スマートフォンに小さな器具を取り付けるだけでクレジットカードの読み込みができ，カード決済ができるようになるモバイル決済サービス[4]や，銀行口座の預金額やクレジットカードの利用状況などをスマートフォン上のアプリケーションと連動させて個人の資産状況をリアルタイムに管理したり AI などを用いて資産運用のアドバイスを受けたりすることのできるサービス，スマートフォン上のアプリケーションにあらかじめ銀行口座の情報を登録することによりスマートフォンの操作のみで銀行口座間の送金を実現するサービスなどが次々と登場し，最近では，数多くの「○○ペイ」と呼ばれる決済サービスが熾烈なシェア争いを繰り広げています。これらのサービスを実際に利用している読者も多いのではないでしょうか。

　従来，金融機関は，自ら情報子会社を抱えたり，システムベンダに委託したりしながら，IT を用いて既存業務の効率化や顧客の利便性向上を進めてきまし

---

[4]　スマートフォンなどの携帯端末を用いた電子決済サービスの総称。専用のアプリケーションにクレジットカードやプリペイドカードの情報を登録して決済を行う方式や，クレジットカード読取機をスマートフォンに接続し，決済端末として利用する方式がある。従来のカード決済に比べ，導入コストが低く，決済後の入金期間が短いといった特徴がある。

た。しかし，IT技術の発達と社会的なFinTechに対する関心の高まりを受け，一定の法規制はあるものの，金融機関以外の事業者が金融機関の業務に関連するサービスを開発・提供する状況が生まれてくることとなりました。このような金融分野における競争環境の変化を受け，各金融機関は革新的な金融サービスを開発・提供するために，ベンチャーキャピタル（VC）を運営して高い技術力を有するベンチャー企業に出資したり，IT企業とパートナーシップ協定を結んだりと，ベンチャー企業やIT企業との関係にかかる戦略を縦の連携（受委託関係）から横の連携（提携関係）へ転換を進めています。

　以上のような金融業界の潮流は，時間や場所的制約を受けることなく，かつ，安全で低コストな金融サービスを享受したい消費者のニーズに応えるために生み出されているものであって，これらのような革新的なサービスを開発・提供するためには，すべてをユーザ1社もしくはシステムベンダへの委託のみで完結させることは困難な状況です。すなわち，革新的な新サービスを生み出すためには，ユーザとシステムベンダが既存の受委託関係という枠組みを超えて，柔軟に連携していく，といった発想の転換が不可欠であるといえます。

4.4　システム開発は「ジョイントベンチャー」

　これまでのシステム開発に関する訴訟においては，ユーザとシステムベンダ間で受委託契約が締結されたうえで，両当事者によるプロジェクトへの関与の重要性を鑑みて，ユーザ側には協力義務，システムベンダ側にはプロジェクトマネジメント（PM）義務を課してそのバランスが図られてきていました。これは，複雑な取引であるシステム開発の実態と契約内容との乖離を埋めるために生み出されてきたものでもあります。しかし，近年では，ユーザとシステムベンダの関係の深化に伴い，単なる受委託関係を超えた協業が実施されるケースが増えてきていますが，そのような関係においてどのような契約が適切か，という点については未だ議論が十分に煮詰まっておらず，ますます実態と契約内容に乖離が生じかねない事態が起きています。

　一部の読者においては，システム開発にかかる契約の審査をする際に，あまり具体的な開発内容を考慮することなく，「何を作るか具体的に決まっていないにせよ，請負契約としてシステムベンダに完成責任を負わせておけばとりあえ

ず自社のリスクはヘッジできる」と考えられるかもしれません。このような考えは「契約上のリスクヘッジ」という視点としては間違っていないともいえますが，単に「システムベンダが完成義務を負えばシステム開発は万事うまくいく」と言えるものではない点にも留意することが必要です。

　システム開発で何よりも重要なことは，当然ながらシステム開発を成功させることであり，システムベンダが有する知見を最大限に活用しながら，ユーザの要望を満たすシステムを作り上げることです。そのためには，ユーザとシステムベンダがシステム開発の各工程において無数の合意形成に向けて密に連携し，協働し続けることが重要となることから，システム開発という取引は，「契約したら終わり」ではなく，「契約してからが始まり」であるともいえます。

　ユーザの要求も多様化し，システムに求められる機能・性能等も複雑化する昨今においては，仕様確定への積極的な関与をはじめ，プロジェクトを通じてどれだけユーザの主体的な参画を得られるかが，システム開発の成否を分けると言っても過言ではありません[5]（システム開発におけるユーザとシステムベンダとの役割分担イメージにつき**図表5−12**参照）。すなわち，繰り返し述べているとおり，ユーザとベンダがそれぞれ自己の保有する知見を持ち寄り，有機的な連携と協働を通して合意を積み重ねていくプロセスこそが，システム開発の本質といえます。

---

[5]　ユーザの主体的なプロジェクト参画の重要性・必要性という点については，いわゆる「ユーザの協力義務」を認定している裁判例もあり，法的な観点からも，システム開発がユーザとベンダ双方の協力関係を前提としてなされる取引であると評価されていることがうかがえる。以下に主な裁判例を抜粋する。
・東京地判八王子支部平成15年11月5日（判時1857号73頁）
　　「原告も，一つの企業体として事業を営み，その事業のためにシステムを導入する以上，自己の業務の内容等被告がシステムを構築するについて必要とする事項について，正確な情報を被告に提供すべき信義則上の義務を負うものと解される。」
　　（注：「原告」はユーザであり，「被告」はシステムベンダである）
・東京地判平成16年3月10日（判タ1211号129頁）
　　「オーダーメイドのシステム開発契約では，受託者（システムベンダ）のみではシステムを完成させることはできないのであって，委託者（ユーザ）が開発過程において，内部の意見調整を的確に行って見解を統一した上，どのような機能を要望するのかを明確に受託者に伝え，受託者とともに，要望する機能について検討して，最終的に機能を決定し，さらに，画面や帳票を決定し，成果物の検収をするなどの役割を分担することが必要である。」

図表5−12　システム開発におけるユーザ・ベンダの役割分担

	ユーザ	ベンダ
要件定義	○	△
設計	△	○
製造	−	○
試験	△	○
移行	○	△

凡例　○：主体的に参加
　　　△：補助的に参加
　　　−：ほぼ参加しない

注：詳細な役割分担についてはプロジェクトによりさまざまである。

4.5　システム開発契約は「事業提携契約」

　このような特徴を持つシステム開発は，ユーザとシステムベンダによる一種の「ジョイントベンチャー（合弁事業）」と捉えることができ，システム開発にかかる契約は，単なる「委託契約」と捉えるのではなく「事業提携契約」と捉えるほうが，取引の実態に近いケースもあるのではないでしょうか。特に，近年増加している，ユーザとシステムベンダがそれぞれの知見を持ち寄って，ユーザの新たなビジネスモデルを検討するような際には，このような契約がより実態に近いものと考えられます。事実，NTTデータにおいても，ユーザと新たなビジネスモデルを検討するに際して，両者がともに協力して検討を進めていき，そのうえでシステムを開発し，報酬についてもビジネスの結果生み出された収益を実績に応じて按分する，といった内容の契約を締結するケースも徐々に増えています。この，「事業提携契約」については，具体的には「（民法上の）組合契約」「有限責任事業組合（LLP）契約」「技術研究組合契約」などの建付けが考えられます。それぞれの主なメリットとデメリットは**図表5−13**のとおりです。

　一方で，システム開発の具体的な内容によっては，これまでのように受委託関係を用いても取引の実態からさほど乖離しないケースもあると考えます。たとえば，ユーザの社内で利用するシステム，具体的には本書で例として挙げている勤怠管理システムなどは，要件として備えるべき機能が比較的特定しやすく，また，ユーザのビジネスモデルの転換などに直接的に影響するといった性

図表5－13　事業提携契約の種類と特徴

	（民法上の）組合契約	有限責任事業組合（LLP）契約	技術研究組合契約
メリット	・なじみがあり理解が容易	・各構成員の責任範囲が有限	・法人格があり，事業化が容易
デメリット	・各構成員の責任範囲が無限	・登記が必要 ・財務諸表の作成，保管等の制約	・利用範囲が研究開発目的限定 ・認可の申請や届出が必要

質でもないことから，ユーザが整理した要件を中心にベンダが開発する，といった（旧来型の）開発として受委託契約を用いても実施可能なケースが少なくないでしょう（もちろん，その場合であっても，ユーザ側の一定の関与が必要なことは言うまでもありません）。

　以上を踏まえ，読者が契約審査をする際は「受委託における『責任やリスクの所在』として妥当か」という観点のみではなく，開発しようとしているシステムの具体的内容やそれに伴い実現しようとしている効果を理解したうえで「1つの事業体における『役割分担』とそれに応じたリスク負担として妥当か」という観点も意識して評価することが，真にシステム開発を成功に導く出発点となるのではないかと思います。

4.6　技術の進歩に伴う新たな法的課題

　これまで繰り返し述べてきたとおり，新たなビジネスモデルの創出に伴い，それを実現するための技術が続々と誕生してきていますが，今までにないビジネスモデルや新規技術を活用した際に契約当事者が直面する法律問題は，そのほとんどが未解決であるといった課題も存在します。MaaS（Mobility as a Service）を例に考えます。MaaSとは，ICTを活用して交通をクラウド化し，公共交通か否か，また，その運営主体にかかわらず，マイカー以外のすべての交通手段によるモビリティ（移動）を1つのサービスとしてとらえ，シームレスにつなぐ新たな「移動」の概念であるといわれています。たとえば，どこかに観光に出かけるときに，現在でもどのような交通機関を使えばいいかを検索することが可能ですが，MaaSが進展することによって，さまざまな交通機関

を一括で検索できるだけではなく，予約や支払まで完了させることができるようになる可能性があります。また，将来的に，自動運転技術が進展し，完全な自動化が実現されれば，バスやタクシーなどの運行の最適化を図ることができ，また，出発地から目的地までドアツードアでの移動なども実現するかもしれません。そのような大きな可能性を秘めた MaaS ですが，一方で，進展につれてさまざまな法的課題が生じてくることも想定されます。

　自動運転技術の進展には AI が高度な役割を担うことになりますが，自動車を自動運転モードにしたことで想定外の方向に向かい，他の自動車と衝突し，運転者が怪我をした等，事故・損害等の発生に AI が関与するという，現状の法の枠組みでは整理ができない事態が発生することも想定されます。この場合において，法整備がなされていないと，運転者が自動車の操作に全く関与しない自動車が事故を起こしたとき，誰が（MaaS の例で言うと，自動車メーカー，AI のソフトウェアメーカー，運行会社，通信事業者などが関係当事者となりえます）責任を負うことになるのか（責任を負う場合どこまで負うのか），どこまで契約で免責できるか，契約ではなく運用面で対処できることはないか，といった点をビジネスごとに検討していくことが求められることになります。

　今後，AI を搭載した自動車等，今までの法規制の枠を超えた技術の導入や既存のプレーヤー以外の事業者とコラボレーションしての新たなビジネスモデルを検討する場合において，契約当事者がそれぞれどの程度の役割を負担しているのかという点を加味した上で適切なリスク分担をしていく必要が生じるケースが増加してくるでしょう。これからのユーザにおける IT の活用においては，契約の相手方へリスク転嫁がどれほどできるのか，という観点で検討するだけではなく，誰も想定しえないリスクが顕在化することを前提に，自社の役割は何で，そのリスクは複数存在する当事者のうち，誰と分担すべきなのか，という発想が必要になってくるのではないでしょうか。

4.7　おわりに

　消費者のニーズは日々変化しており，ユーザのビジネスモデルの転換が求められているとともに，これに伴い，新たなビジネスモデルを実現するための仕組みや開発手法，IT 技術は数年で飛躍的に進化を遂げています。今後，我々法

務担当者には，日々進歩する IT 技術とそれを活用する新たなビジネスの流れ
を理解することはもちろん，最先端の技術内容や複雑なビジネスモデルの理解
から決して逃げることなく適切にこれらを把握し，スムーズな契約関係の構築
に寄与することが求められる機会が増えてくることは確実です。協業事業者間
の法務担当者が最先端の技術内容や複雑なビジネスモデルの理解を避け，それ
に起因して，契約締結の段になって双方が契約上のリスクの排除を過剰に求め
たり，リスクの押し付け合いを始めたりすれば，スムーズな契約関係の構築ど
ころか，イノベーションを阻害することにつながりかねません。

　我々法務担当者としては，それぞれの協業事業者がそれぞれの強みを活かし
ながらリターンを最大化できるスキームの構築や，新たに生じるリスクを柔軟
に想像しながら合理的で持続可能な負担となるよう整理し，一丸となって事業
全体でのリーガルリスクの低減を目指すことを通じて，イノベーションの促進
に積極的に貢献していくことが重要ではないかと考えています。

第 II 部

サンプル契約書（条文解説）

第 II 部では，システムに関する契約の具体的な条文例について各条項の解説を記載していきます。システムベンダから提示される契約書案がどのような発想に基づき構成されているのか，ユーザで契約書案を作成するとして何に気をつければよいのか，など，理解の一助となれば幸いです。

解説するのは，以下の契約書です。
1．システム開発基本契約
2．システム開発個別契約（準委任）
3．システム開発個別契約（請負）
4．システム運用・保守契約

1 システム開発基本契約

第Ⅰ部第2章第2節でご説明したとおり，システム開発に係る委託契約は工程ごとにフェージング契約するケースが多いです。このサンプル契約は，フェージング契約とすることを前提に，個々の工程の業務に共通する事項を定めた基本契約として用いることを想定し作成したものです。

なお，この基本契約を締結する時点では，開発対象システムの詳細な要件等が固まっていないことが多いため，個々の工程の業務に対する契約金額や納期は個別契約で定めることとしています。また，委託業務の一部に建設業法の対象となる工事が含まれる場合があります（たとえば，開発対象システムを構成するハードウェアの設置に係る工事が建設業法の対象となる場合があります）。この場合は，建設業法に定める要件を満たす工事委託契約を別途締結することを想定しており，本書で取り上げる基本契約および個別契約には，その点含めておりませんので，ご留意ください。

1.1 前文

（前文）
　●●●（以下「甲」という。）と○○○（以下「乙」という。）は，第2条（定義）で定める本件システムの開発に関し，次のとおり基本契約（以下「本契約」という。）を締結します。

前文では，本契約の当事者と，本契約を締結する目的のアウトライン（本契約がシステム開発を受託するものであること）を明記しています。

1.2 総則

（総則）

> 第1条　甲は，本件システムの開発（以下「委託業務」という。）を乙に委託し，乙はこ
> 　れを受託するものとします。

　甲を発注者（ユーザ），乙を受注者（システムベンダ）として，甲から業務を
委託することを明記しています。なお，基本契約においては，開発対象となる
「本件システム」の詳細な要件等が契約締結時点でまだ合意されていないケース
が多いことから，第2条第1号のような定義としていますが，すでにシステム
の要件等について当事者間で確定済みであり，それらを特定可能な書面がある
場合は，当事者間の認識ずれを防ぐため，以下のように当該書面の日付および
バージョンを特定し，開発対象となる「本件システム」の対象をより明確化す
ることも考えられます。

＜記載例＞

> 　甲は，●年●月●日付「●●」（バージョン●），●年●月●日付「●●」（バージョン
> ●）及び●年●月●日付「●●」（バージョン●）（以下総称して「要件定義書等」とい
> う。）に基づく本件システムの開発（以下「委託業務」という。）を乙に委託し，乙はこ
> れを受託するものとします。

　システムの要件等について記載される書面とは，第Ⅰ部でも述べたような，
正式な委託契約締結前にやり取りしたRFPや提案書などが考えられます。ド
キュメントの特定が不十分である場合，どのドキュメントのいつのバージョン
の条件に従ってお互いが契約を履行していくのか等が不明瞭になってしまい，
トラブルの原因となるおそれがあります。

1.3　定義

> （定義）
> 第2条　本契約で用いる用語の意義は，次のとおりとします。
> 　⑴　本件システム：
> 　　　本契約及び個別契約に基づき構築する，ソフトウェア，端末機器，周辺機器，通
> 　　信ネットワーク等が有機的に連携して組成される●●●に関するコンピュータシス

テム
(2) 本件ソフトウェア：
　本契約及び個別契約に基づき開発されるコンピュータソフトウェア（プログラム及びソースコード並びにその関連資料）
(3) オープンソースソフトウェア：
　ソフトウェアのソースコードが一般に公開され，商用及び非商用の目的を問わずソースコードの利用，修正及び再頒布が可能なソフトウェア
(4) 第三者ソフトウェア：
　第三者が権利を有するソフトウェア（オープンソースソフトウェアを含む。）であって，本件システムのために使用されるもの
(5) 納入物：
　乙が甲の委託に基づき作成し又は調達した上で納入すべき個別契約で定めるもの
(6) 提出物：
　乙が甲の委託に基づき作成し又は調達した上で提出すべき個別契約で定めるもの
(7) 中間資料：
　委託業務の履行の過程で生成したもので，本件システム，本件ソフトウェア，納入物及び提出物の最終版に該当しないすべてのもの
(8) 消費税等相当額：
　「消費税法（昭和六十三年法律第百八号）」及び同法に関する法令の定めに基づき課税される消費税の額，並びに「地方税法（昭和二十五年法律第二百二十六号）」及び同法に関する法令の定めに基づき課税される地方消費税の額
(9) 定期会議：
　本契約及び個別契約の履行状況，リスクの管理及び報告，各自の分担作業の実施状況，納入物及び提出物に盛り込むべき内容の確認，問題点の協議及び解決その他本契約及び個別契約が円滑に履行できるよう必要な事項を協議するために甲乙が開催する定期的な会議
(10) 随時会議：
　定期会議の他，必要に応じて甲乙が開催する会議
(11) 定期会議等：
　定期会議及び随時会議
(12) 業務従事者：
　本契約及び個別契約の履行に従事する乙の従業員
(13) 本件資料等：
　甲が乙に提供する，本契約及び個別契約の履行上必要となる情報，資料等
(14) 前提資料等：
　乙が各委託業務を行う上で前提となる要件等を記載したものとして個別契約で定

> める情報，資料等

　契約書において使用する用語に解釈の幅があると，その用語の解釈をめぐって後々トラブルとなる可能性があることから，契約書内で使用する主な用語を定義しています。用語を最初に使用する条項で定義する方法もありますが，契約交渉の過程で用語の定義を含む条項が削除された場合に，定義不明瞭な条項が契約書に散在する，といった結果になりかねないため，複数条文で使用する用語の定義を1つの条項に集約し定義しています。

1.4　委託業務の内容

> （委託業務の内容）
> 第3条　委託業務の内容は次のとおりとします（以下本契約において各号で定める委託業務を指す場合は「各委託業務」という。）。
> 　⑴　本件システムの基本構想立案及び本件システムの要件定義の支援
> 　⑵　本件ソフトウェアの外部設計支援
> 　⑶　本件ソフトウェアの内部設計支援
> 　⑷　本件ソフトウェアの製造
> 　⑸　本件ソフトウェアの結合テスト
> 　⑹　本件システムの基盤設計支援
> 　⑺　本件システムの基盤構築
> 　⑻　物品の提供及び設置工事
> 　⑼　本件システムのシステムテスト
> 　⑽　本件システムの移行設計支援
> 　⑾　本件システムの移行準備支援
> 　⑿　本件システムの運用及び保守準備支援
> 　⒀　本件システムの受入及び移行支援

　各委託業務（各工程）の内容および納入物については個別契約に具体的に記載することとし（第5条参照），ここでは本件システムの開発のために受注者（システムベンダ）が受託するおおまかな業務の内容を，一般的なシステム開発工程に沿って列挙しています。

1.5　役割分担

（役割分担）

第4条　甲及び乙は，本契約及び個別契約の円滑かつ適切な履行のためには，乙の有するシステム開発に関する技術及び知識の提供と甲による本件システムの仕様の早期かつ明確な確定が重要であること及び各自の分担作業が必要とされることを認識し，各自の分担作業を誠実に実施するとともに，相手方の分担作業の実施に対して誠意をもって協力するものとします。

2　本契約及び個別契約の履行に伴う甲乙双方の役割分担は，個別契約で定めるものとします。

3　甲及び乙は，各自の実施すべき分担作業を遅延し又は実施しない場合，係る遅延又は不実施について相手方に対して責任を負うものとします。

　システム開発プロジェクトにおいて，ユーザとシステムベンダの役割分担が重要であること，また発注者であるユーザの協力が不可欠であることは，第Ⅰ部で解説しました。両者の役割分担について，両者で認識の齟齬が生じてしまった場合，双方ともが相手方の役割と考え未着手のまま放置される作業が発生するリスクがあり，そのリスクが発現するとプロジェクト全体の進捗に大きな影響を与える可能性があります。また，役割分担が不明確であることにより，発注者と受注者の間で渾然一体となった作業実態となり，発注者から受注者の従業員に対し直接指揮命令が行われてしまう等の問題が生じ，適正な委託関係を維持するのが困難となる可能性があります。本条はこのようなシステム開発プロジェクト特有のリスクを回避するため，契約書中にその合意内容を証跡化しておく趣旨で設けているもので，ポイントは以下の2点です。

①　双方の役割を明確にし，双方が自己の分担作業について誠実に実施するとともに，相手方の分担作業について誠意をもって協力する。

②　契約締結時において役割分担の詳細を規定できない場合は，双方別途協議して規定する。

　実際に両者の作業分担を割り振る場合には，いわゆる星取表において，両者に○がつかないよう作業内容を極力細分化し，いずれの作業（役割）も一方の担当となるようにしておく必要があります。

　なお，第1章第2節や第2章第2節で取り上げたように，大規模なシステム開発プロジェクトでは，1つのシステム開発において，システムをいくつかの要素に分割して，要素ごとに複数のシステムベンダに発注するマルチベンダ体制が採用される場合もあります。この場合は，各受注者（システムベンダ）の受託する業務範囲はシステム開発全体の一部で，システム開発全体のプロジェクトマネジメントは発注者であるユーザまたはユーザが委託する第三者が実施することとなります。この場合には，全体のプロジェクトマネジメントが誰の役割であるかを明確にするため，追加の規定を設けることも考えられます。

1.6　個別契約

> （個別契約）
> 第5条　甲及び乙は，各委託業務ごとに，各委託業務の着手前に次の項目等について個別契約を締結するものとします。
> 　⑴　具体的作業内容及び作業範囲
> 　⑵　納入物の納期又は提出物の提出期限
> 　⑶　納入物の明細又は提出物の明細
> 　⑷　納入物の納入場所又は提出物の提出場所
> 　⑸　検査又は確認方法
> 　⑹　契約金額，請求方法及び支払方法
> 　⑺　その他必要な事項
> 2　個別契約は，本契約と一体として解釈されるものとします。ただし，個別契約において本契約と異なる定めをした場合は，個別契約の定めが本契約に優先して適用されるものとします。
> 3　乙は，個別契約の締結をもって，当該個別契約で定める委託業務を実施するものとします。

　フェージング契約（フェージング契約については，第2章第2節参照）となることから，別途締結する個別契約に定めるべき事項等をあらかじめ明確にし，業務着手前に個別契約をスムーズに締結できるようにしています。また，基本契約と個別契約の関係性を明確にしています。

1.7　適切な体制の確保

（適切な体制の確保）

第6条　甲及び乙は，本契約及び個別契約の円滑かつ適切な履行のために適切な体制を確保し，当該体制を書面又は電磁的方法（電子メールを含むが，これに限らない。以下本契約において同じ。）により相手方に通知するものとします。なお，当該体制を変更する場合も同様とします。

　委託業務を円滑かつ適切に履行するために必要な作業を適切に実施できるような体制を構築すること，また，適切に情報を管理し，偽装請負が疑われるような状態に陥らないようにするため，体制図等をあらかじめ明確に定めておくことを目的としています。システム開発プロジェクトでは途中で体制が変更されうるため，通知の方法は，書面の取り交わしを必須とすることは手続を煩雑化してしまうため，基本的には電子メールで行うことを想定しています。プロジェクトによっては，両者で情報を共有できる Web 上のチャットツールやスケジュール管理ツールを活用するケースもあり，当事者間での認識の齟齬が生じず，証跡として残せる方式であればメール以外の方法も活用できるよう，あくまで電子メールは例示としています。

1.8　実施責任者

（実施責任者）

第7条　甲及び乙は，本契約締結後速やかに，本契約及び個別契約における各自の実施責任者をそれぞれ選任し，互いに書面又は電磁的方法により，相手方に通知するものとします。なお，実施責任者を変更する場合も同様とします。前条で定める体制の通知に，当該責任者を記載することをもって，本条の通知に代えることができるものとします。

2　次の各号で定める事項は，甲の実施責任者のみが，権限及び責任を有するものとします。

　⑴　第9条（定期会議等）所定の議事録の承認を行う権限及び責任

　⑵　第10条（資料等）所定の本件資料等の提供等を行う権限及び責任

　⑶　第12条（中間資料の甲による承認）所定の中間資料の承認を行う権限及び責任

　⑷　第13条（未確定事項の取扱い）所定の未確定事項の確定後，確定した前提資料等

　　　の追完，修正の業務を請求する権限及び責任

　　⑸　第14条（確定仕様等の変更）所定の変更提案書による相手方への申し入れを行う
　　　権限

　　⑹　第25条（機密保持）所定の機密情報の授受を行う権限及び責任

　　⑺　その他本契約及び個別契約の履行に必要な権限及び責任

　3　次の各号で定める事項は，乙の実施責任者のみが，権限及び責任を有するものとし
　　ます。

　　⑴　第9条（定期会議等）所定の議事録の原案の提出及び承認を求める権限

　　⑵　第10条（資料等）所定の本件資料等の提供の請求及び返還等を行う権限及び責任

　　⑶　第12条（中間資料の甲による承認）所定の中間資料の承認を求める権限

　　⑷　第13条（未確定事項の取扱い）所定の未確定事項の確定後，確定した前提資料等
　　　の追完，修正の業務の請求を受ける権限

　　⑸　第14条（確定仕様等の変更）所定の変更提案書による相手方への申し入れを行う
　　　権限

　　⑹　第25条（機密保持）所定の機密情報の授受を行う権限及び責任

　　⑺　その他本契約及び個別契約の履行に必要な権限及び責任

　4　甲及び乙は，本契約及び個別契約の履行に関する相手方からの要請，指示等の受理
　　及び相手方への依頼又は報告その他相手方との連絡，確認等については，実施責任者
　　を通じて行うものとします。

　　発注者甲（ユーザ）および受注者乙（システムベンダ）の実施責任者の権限
および責任を規定し，双方の実施責任者を通して情報や指示の授受等を行うこ
とを明記することで，担当者レベルの決め事が安易に確定事項とされるのを防
ぎ，適正な委託関係を維持することを目的としています。また，第6条（適切
な体制の確保）の体制図と実施責任者をそれぞれ通知するのは実務上の手続が
煩雑となるため，同じ通知で対応できることとしています。なお，システム開
発プロジェクトの規模によっては，複数の実施責任者を設置することがあり，
その場合は，実務上「主：実施責任者，副：サブ実施責任者」という形で設置
することもありますが，契約においては，実施責任者もサブ実施責任者も本条
で規定する実施責任者となります。

1.9　業務従事者

（業務従事者）

第8条　業務従事者の選定，配置及び変更，作業スケジュールの作成及び調整並びに技術指導については，乙が行うものとします。

2　乙は，労働法規その他関係法令の定めに基づき，業務従事者に対する雇用主としての一切の義務を負うものとし，業務従事者に対する委託業務に関する指示，労務管理，安全衛生管理等に関する一切の指揮命令を行うものとします。

3　乙は，本契約及び個別契約の履行に際し，業務従事者が甲の事務所等に立ち入る場合には，防犯，秩序維持に関して甲が事前に乙に提示した諸規則を合理的な範囲で当該業務従事者に遵守させるものとします。

　偽装請負が疑われるような状態の発生を防ぐためには，受注者乙（システムベンダ）は自らの裁量において受託業務を実施する必要があり，業務従事者（プロジェクト参画者）の選定，技術指導，労務管理等を行う必要があります。このことから，これらの責任は受注者（システムベンダ）にある旨を明確に規定しています。

1.10　定期会議等

（定期会議等）

第9条　甲及び乙は，本契約及び個別契約の履行に際し，定期会議を開催するものとし，定期会議の議題及び開催頻度等については，甲乙別途協議の上これを定めるものとします。

2　甲及び乙は，随時会議の開催を相手方に対し要請できるものとし，相手方はこの要請に対し特段の理由がない限り応じるものとします。

3　定期会議等には，原則として甲乙双方の実施責任者が出席するものとします。また，甲及び乙は，必要に応じ定期会議等に必要な者を出席させるよう相手方に要請することができ，相手方はこの要請に対し特段の理由がない限り応じるものとします。

4　乙は，定期会議等の議事内容，決定事項並びに継続検討とされた事項がある場合は検討スケジュール及び検討を行う当事者について，原則として定期会議等の開催後遅滞なく議事録の原案を作成し，これを書面又は電磁的方法により甲に提出するものとします。甲は，これを受領した日から●日以内にその点検を行うものとし，当該期間内に書面又は電磁的方法により具体的な理由を明示して異議を述べない場合には，乙

　　が作成した議事録の内容を承認したものとみなすものとします。

　5　甲及び乙は，前項により承認された議事録の内容について，本契約及び個別契約に
　　反しない限り，これに従わなければならないものとします。

　6　本条の定めにかかわらず，本契約及び個別契約の内容は，甲乙双方の契約締結権限
　　を有する者が記名押印した書面による合意によってのみ変更することができるものと
　　します。

　システム開発において発生するトラブルの多くは，仕様の確定や変更に関し
て発注者甲（ユーザ）と受注者乙（システムベンダ）との間で十分な意思疎通
が図れず，仕様に対する認識に齟齬が生じることによって発生しています。し
たがって，両者間で認識齟齬が生じないよう，進捗状況の報告や問題点の対応
方針の協議等を行うため会議を確実に開催し，協議の内容を確定させ，両者の
合意内容を証跡として残すために議事録確認をする，という一連の手続が必要
となります。会議での決定事項等に関しては，その後の開発作業に影響を及ぼ
す可能性が高く，その内容を明確に記録し，双方確認することが重要であるこ
とから，第4項では，受注者（システムベンダ）が議事録の原案を作成し，発
注者（ユーザ）が内容を承認するというプロセスを明確にしています。

1.11　資料等

（資料等）

第10条　甲は，乙から本件資料等の提供の請求があった場合には，甲乙協議の上，適時
　　に，無償でその本件資料等を，書面又は電磁的方法により乙に提供するものとします。

　2　乙は，甲から提供された本件資料等を善良なる管理者の注意をもって管理及び保管
　　し，かつ本契約及び個別契約の履行以外の目的に使用しないものとします。

　3　乙は，甲から提供された本件資料等を，本契約及び個別契約の履行上必要な範囲内
　　で複製又は改変することができるものとします。

　4　乙は，甲から提供を受けた本件資料等（前項の定めによる複製物及び改変物を含む。）
　　が本契約及びすべての個別契約の履行にあたり不要となった場合，又は甲からの要請
　　があった場合には，遅滞なくこれらを甲に返還又は乙が適切と判断する方法による破
　　棄又は消去を行うものとします。

　5　甲が第1項の定めに基づき乙に提供する本件資料等の内容等の誤り又は提供遅延に
　　よって生じた乙による本契約及び個別契約の履行遅滞又は履行不能（納入物の契約不

適合を含む。）等の結果については，乙はその責任を負わないものとします。
6　甲及び乙は，本件資料等の提供や返還等について，それぞれ実施責任者間で行うものとします。

　システム開発において，発注者甲（ユーザ）も一定の協力義務を負っていることは，第Ⅰ部第1章第2節にてご説明したとおりです。実際，受注者乙（システムベンダ）が委託業務を円滑に行うためには，発注者（ユーザ）から，内部での意見調整の結果や要望する機能の内容，業務フローや帳票様式等といった，情報や資料等の提供を受けることが不可欠であることが多く，提供が遅れれば，予定されたスケジュールどおり作業を進めることができなくなることもあります。このような事態を避けるため，本条第1項では，受注者（システムベンダ）から請求があった場合，発注者（ユーザ）は必要な資料等を提供する義務を負うこととし，第5項では，必要な資料等が提供されないことが原因で納期遅延となったり，資料等に誤りがあり，それを原因として契約不適合が生じたような場合には，受注者（システムベンダ）は責任を負わないこととしています。なお，発注者（ユーザ）から提供される資料等には機密保持条項で定義する「機密情報」とならないものも含まれる可能性がありますが，それらも発注者（ユーザ）の重要な財産であり，機密情報と同様に，受注者（システムベンダ）は善良なる管理者の注意義務をもって保管することとし，使用範囲も限定しています。

1.12　作業環境

（作業環境）
第11条　甲は，乙からの要請に応じて本契約及び個別契約の履行上必要となる，作業場所，機器，設備，回線，資材，その他の作業環境（本契約及び個別契約の履行にあたり必要となる電力等も含む。以下総称して「本件作業環境等」という。）を，乙に無償で提供し，適切に維持するものとします。
2　本件作業環境等のうち，作業環境の詳細（甲の事務所等の作業場所に関するレイアウト，座席表及び座席区分を含む。）については，甲乙別途協議の上定めるものとします。
3　甲が第1項の定めに基づき乙に提供する本件作業環境等に関して，前項に基づく協

　議内容との不一致又は甲の提供遅延によって生じた乙による本契約及び個別契約の履
　行遅滞又は履行不能（納入物の契約不適合を含む。）等の結果については，乙はその責
　任を負わないものとします。

　システム開発では，セキュリティ確保の観点等から発注者甲（ユーザ）の事
務所等の作業場所や，開発に利用する機器等を指定される場合があり，そのよ
うな際の費用負担を明確にする（実態としては無償で借り受けることが多い）
ための規定です。発注者（ユーザ）の作業環境に受注者乙（システムベンダ）
の業務従事者が常駐し作業を実施するような場合，偽装請負を疑われるような
状態が発生するおそれがあるため，座席の配置等にも留意が必要です。また，
前条と同様に，発注者（ユーザ）が用意することとなっていた回線や機器の準
備が間に合わず，提供が遅れてしまった場合等は，受注者（システムベンダ）
が委託業務を円滑に進めることが困難となることがあり，それによって生じた
委託業務の履行の遅延等に関しては，受注者（システムベンダ）は責任を負わ
ないこととしています。

1.13　中間資料の甲による承認

（中間資料の甲による承認）
第12条　乙は，中間資料のうち，乙が必要と認める部分を提示して，甲の承認を書面又
　は電磁的方法で求めることができるものとします。
2　甲は，前項の承認請求を乙から受けた日から●日以内（以下「中間資料の点検期間」
　という。）に内容を承認するか点検を行い，その結果を甲の実施責任者が書面に記名押
　印の上，乙に交付するものとします。
3　甲は，中間資料の内容が第13条（未確定事項の取扱い）で定める未確定事項の内容
　と関連性を有するため当該時点では判断できない場合その他これらに準ずる合理的な
　理由がある場合は，その具体的な理由を明示して乙に回答することにより，承認を留
　保することができるものとします。ただし，本契約及び個別契約を円滑に履行するた
　め，甲は合理的な理由のない限り適時に前項所定の点検結果を乙に交付するものとし
　ます。
4　甲が中間資料の点検期間内に書面又は電磁的方法で具体的な理由を明示した異議
　（前項の承認留保を含む。）を述べない場合，当該中間資料は承認されたものとみなし
　ます。

5　甲又は乙は，前各項により中間資料の承認がなされた後に，中間資料の内容の変更
の必要が生じた場合は，第14条（確定仕様等の変更）で定める変更提案書を相手方に
交付して，変更の提案を行うことができるものとします。
6　甲から承認された中間資料の内容の変更は，第14条（確定仕様等の変更）によって
のみこれを行うことができるものとします。

　システム開発では，業務の手戻りを防ぎ，効率的に開発作業を進めるために，
たとえば作成途中の要件定義書や設計書等，中間資料に該当するものについて，
その不明確な点を都度発注者甲（ユーザ）に確認し，両者の認識違いが発生し
ないようにすることが非常に重要です。そのため，受注者乙（システムベンダ）
が必要と判断した場合，発注者（ユーザ）に中間資料の承認を求めることがで
き，かつ，承認したことを証跡として残すこととしています。また，第7条第
2項と同様に，現場の担当者間の口頭でのやり取りのみで，客観的に形として
残らないような方法によって仕様の変更等が行われてしまい，後々問題が生じ
る事態が発生しないよう，中間資料の承認権者を発注者（ユーザ）の実施責任
者に限定し，承認プロセスを明確にすることにより，これを防止することとし
ています。

1.14　未確定事項の取扱い

（未確定事項の取扱い）
第13条　甲は，乙が本契約及び個別契約を履行するのに必要な事項を，甲のやむを得な
い事情により甲が確定して提示することができない場合，次の各号の事項を乙が確認
の上記載した書面を作成し，甲乙双方の実施責任者が係る書面に記名押印するものと
します。当該書面記載の未確定事項の確定後，甲は，直ちに乙にその内容を書面又は
電磁的方法で提示するとともに，必要となる前提資料等の追完又は修正の業務を速や
かに乙に請求するものとします。
⑴　当該未確定事項の内容及びその確定予定時期
⑵　その他必要となる事項
2　甲による追完又は修正の請求は，第14条（確定仕様等の変更）で定める変更提案書
を乙に交付した上で，同条によってのみこれを行うことができるものとします。なお，
これにより乙が作業期間又は納期，契約金額，契約条項等の変更を要する場合，甲は
これを受け入れるものとします。

> 3　第1項の定めに基づき甲乙間で確認した未確定事項が確定予定時期までに確定しないことにより委託業務の継続に支障が生じると乙が判断した場合，乙は委託業務を中断するとともに，本契約及び個別契約の内容の変更を請求することができるものとします。なお，本項の定めに基づき委託業務の履行を中断する場合，甲は，中断期間中，委託業務の履行に関する体制や設備等の維持のために乙に生じた費用を負担するものとします。

　前条では発注者甲（ユーザ）による中間資料の承認を規定していますが，内部での調整が難航するケース等，必ずしも適時に内容を確定させることができない場合があります。そうした場合，未確定事項の確定を一定期間後ろ倒しにできることとしています。しかし，確定時期が著しく遅れてしまうことで，業務の手戻り等による納期や対価の見直しを行わざるを得なくなることにならないように，未確定事項を残したままの作業着手となる場合には，事前にいつまでに未確定事項を決定する必要があるかを双方で確認すること等を明確化しています。

1.15　確定仕様等の変更

（確定仕様等の変更）
第14条　甲又は乙は，前提資料等，定期会議等の議事録，第12条（中間資料の甲による承認）により甲に承認された中間資料その他委託業務に関する甲乙間での書面又は電磁的記録による合意事項（以下「確定仕様等」という。）の変更を希望する場合（甲が第13条（未確定事項の取扱い）による追完又は修正の請求を行う場合を含む。）は，その変更内容，理由等を明記し実施責任者が記名押印した書面又は電磁的方法（以下「変更提案書」という。）により相手方に申し入れるものとします。なお，確定仕様等の内容の変更は，本条によってのみこれを行うことができるものとします。
2　乙は，第12条（中間資料の甲による承認），第13条（未確定事項の取扱い）又は前項に基づく変更提案書を受領した場合，変更提案書に基づき，遅滞なく次の事項を記載した書面（以下「変更管理書」という。）をとりまとめ，甲に交付するものとします。甲及び乙は，変更管理書に基づき，定期会議等において当該変更の可否につき協議するものとします。
　(1)　変更の名称
　(2)　協議期間

⑶ 変更の理由

⑷ 変更に係る仕様を含む変更の詳細事項

⑸ 変更のために費用を要する場合はその額

⑹ 検討期間を含めた変更作業のスケジュール

⑺ その他変更が本契約又は個別契約の条件（作業期間又は納期，契約金額，契約条項等）に与える影響

3　前項の協議の結果，甲及び乙が変更を可とする場合は，甲乙双方の実施責任者が，変更管理書の記載事項（なお，協議の結果，変更がある場合は変更後の記載事項とします。以下同じ。）を承認の上，記名押印するものとします。係る承認をもって，確定仕様等の変更が確定するものとします。ただし，変更後の確定仕様等の内容が本契約又は個別契約に反する場合には，次項の定めによって本契約又は個別契約の内容が変更された時をもって変更が確定するものとします。

4　本条の定めにかかわらず，本契約及び個別契約の内容は，甲乙双方の契約締結権限を有する者が記名押印した書面による合意によってのみ変更することができるものとします。

5　乙は，甲から中断要請がある等，甲を原因として第2項の協議が調わない場合には，協議が調うまでの間，委託業務を中断することができるものとします。なお，本項の定めに基づき委託業務の履行を中断する場合，甲は，中断期間中，委託業務の履行に関する体制や設備等の維持のために乙に生じた費用を負担するものとします。

　一度確定された会議での決定事項や RFP，基本設計書，承認済みの中間資料等の両者合意済みのシステム開発要件に変更が生じた場合，その変更内容を改めて両者が合意し，確定させるためのプロセスを明確化しています。たとえば，仕様等の確定事項に対して発注者甲（ユーザ）の担当者が現場で作業する受注者乙（システムベンダ）の担当者に対し口頭でコメントしたことで仕様変更としてしまうとすると，納入時期になって，そのコメントは発注者（ユーザ）として正式な仕様変更の要望だったのか，両者合意して仕様変更したと認められるのか，といった問題が生じ，発注者（ユーザ）の想定していたものと異なる成果物が納入されてしまうおそれすらあります。こうしたリスクを予防するため，変更手順を明確にし，その結果について証跡を残すよう規定しています。

1.16　変更の協議不調等に伴う契約終了

（変更の協議不調等に伴う契約終了）

第15条　第13条（未確定事項の取扱い）第2項又は第3項による契約の変更に甲が同意
　　しない場合，若しくは第14条（確定仕様等の変更）第2項の協議期間内に協議が調わ
　　ない場合，甲及び乙は，委託業務の未了部分について本契約及び個別契約を解除する
　　ことができるものとします。

2　甲は，前項により委託業務の未了部分が解除された場合，第33条（契約解除）第5
　　項で定める内容の金額を乙が定める日までに一括して乙に対して支払うものとします。

　システム開発において，仕様等の変更に関する協議が調わないということは，完成させるべき対象システムの内容等が定まらないということを意味します。そのまま作業を続けても，発注者甲（ユーザ）の要望するシステムは完成しないおそれがあり，受注者乙（システムベンダ）にとっても完成させるべきものが不明確なまま作業を行うこととなり，両者にとって不本意な形で業務の遂行に要する費用が継続的に発生してしまうリスクがあります。そこで，このリスクを予防するため，万が一，協議が不調に終わった場合に，早期に契約を終了させることができることとしています。

　民法上，請負業務については，「請負人が仕事を完成しない間は，注文者は，いつでも損害を賠償して契約の解除をすることができる」（民法641条）とされ，また準委任業務については「各当事者がいつでもその解除をすることができ」「…解除をした者は，…相手方の損害を賠償しなければならない」（民法651条），かつ「解除をした場合には，その解除は，将来に向かってのみその効力を生ずる。この場合においては，損害賠償の請求を妨げない。」（民法652条，620条）とされています。本条の規定はこれらの民法の考え方を踏襲したものです。

　本条に基づく契約の解除は，受注者（システムベンダ）に契約違反等がないことを想定しているため，第33条第5項の定めに従い，受注者（システムベンダ）が当該解除までに遂行した各委託業務の対価および解除により負担することとなる費用を請求できることとしています。

　なお，本条に基づく契約解除の場合に限らず，履行途中で契約を終了する場合は，資料の返還や中間成果物の取扱い等について双方協議し，後々のトラブ

ルを予防するため，協議結果を覚書等の書面で証跡として残しておくことが望ましいです。

1.17　契約金額

> （契約金額）
> 第16条　各委託業務の対価（以下「契約金額」という。）は，個別契約で定めるものとします。

　各委託業務の対価である契約金額については具体的な業務内容等が定まる個別契約で定めることを規定しています。なお，金額を定める際は消費税等相当額が外税か内税かについて，明確にしておきます。

1.18　請求

> （請求）
> 第17条　乙は，個別契約で定める諸条件に従い，契約金額に別途消費税等相当額を加算の上，甲に請求するものとします。

　受注者乙（システムベンダ）から契約金額を請求するタイミングを明確にするための規定で，具体的な請求期限は個別契約に規定します。なお，目的物の引渡し後（すなわち，ユーザによる納入物や提出物の検収後）に請求書を発行することが一般的です。

1.19　支払

> （支払）
> 第18条　甲は，乙所定の請求書記載の期限（以下「支払期限」という。）までに，乙指定の銀行口座に振り込む方法により契約金額及びその消費税等相当額を乙に支払うものとします。なお，振込手数料は甲の負担とします。

　発注者甲（ユーザ）の支払義務を明確にし，契約金額の支払期限と支払方法

を規定するものです。支払方法は企業取引で一般的な口座振込とし，振込手数料の負担についても明記しています。

1.20　支払遅延損害金

（支払遅延損害金）
第19条　甲が支払期限までに契約金額及びその消費税等相当額を支払わない場合，乙は，甲に対し，支払期限の翌日より支払済みまで，契約金額及びその消費税等相当額に対し年利14.6％（1年を365日とする日割り計算とする。）を乗じて計算した金額を支払遅延損害金として請求することができるものとします。

支払遅延損害金について規定しており，企業間取引の契約書雛形において多く用いられている利率を採用しています。

1.21　相当報酬

（相当報酬）
第20条　乙は，本契約及び個別契約の履行上やむを得ない事由が生じ，乙が合理的に必要と判断した場合，委託業務以外の業務又は臨時の業務をすることができるものとします。なお，乙は，当該業務をしたことによって，本契約及び個別契約上の義務を何ら加重されるものではありません。
2　乙が前項で定める業務をした場合，甲は乙に対して，別途甲乙協議の上決定した報酬を支払うものとします。甲と乙で協議が調わない場合，乙は当該業務に相当する報酬及び消費税等相当額を甲に請求することができるものとします。
3　前項の報酬の支払は，乙指定の銀行口座に振り込む方法によるものとします。なお，振込手数料は甲の負担とします。

システム開発プロジェクトにおいては，受注者乙（システムベンダ）が受託した業務範囲外の作業である，もしくは範囲外であるかがすぐには不明瞭であるものの，非常に緊急性の高い事象が生じているために，発注者甲（ユーザ）の許可を取る間もなく早急に対応しなければならないようなケースが生じ得ます。

　たとえば，（あらかじめ両者合意したセキュリティ要件を満たす開発環境で開

発作業を行っていたにもかかわらず）開発作業中に外部からの攻撃を受けユーザ情報の漏洩等の障害が発生した場合などです。現実には，情報漏洩等の障害が発生している原因を特定する作業や，当該原因を解消するための作業等が発生しますが，必ずしもこれらは受注者（システムベンダ）への当初からの委託業務に含まれているとは限りません。本来であれば，発注者（ユーザ）に事態を報告し，対応を両者で検討するプロセスを設けることが必要となりますが，情報漏洩等は重要なインシデントであり，早急な対応が求められます。このような場合を想定して，本条では，受注者（システムベンダ）に独自の判断で緊急対応にあたることができる裁量を残しています。

　また，受注者（システムベンダ）が当初受託していた業務の範囲外の作業を実施することを想定しているため，当該対応に要した費用は別途発注者（ユーザ）が負担することとしています。商法第512条（「商人がその営業の範囲内において他人のために行為をしたときは，相当な報酬を請求することができる」）に近しい考え方で，相当報酬の請求が担保されていることで，受注者（システムベンダ）も作業ボリュームが不明な障害への対応等に二の足を踏むことなく，速やかな障害対応，復旧へとつなげることができることを企図した規定です。

1.22　端数整理

（端数整理）
第21条　本契約及び個別契約に基づく計算結果に1円未満の端数が生じた場合，当該端数は切り捨てるものとします。

　支払損害遅延金の発生等の事由により，1円未満の端数が発生した場合には，当該端数を切り捨てることとしています。

1.23　著作権

（著作権）
第22条　本契約及び個別契約の履行に伴い作成された著作物の著作権は，甲又は第三者が従前保有していたものを除き，乙に帰属するものとします。

> 2　乙は，個別契約で定める日をもって，甲に対し，本契約若しくは個別契約の履行又
> 　は本件システムの自己使用に必要な範囲に限定して，納入物及び提出物に含まれる乙
> 　の著作物に関する非独占的使用権を許諾するものとします。なお，係る許諾の対価は，
> 　契約金額に含まれるものとします。
> 3　乙は，甲が支払期限までに契約金額及びその消費税等相当額を支払わない場合には，
> 　前項に基づく許諾を取り消すことができるものとします。

　本条は委託されたシステム開発業務により作成された著作物の権利帰属およびその取扱いを定めるもので，ユーザ，システムベンダ双方にとって関心の高い条項の1つといえます。

　システム開発業務により作成される著作物とは，第I部においてご説明してきた開発工程において作成される要件定義書や基本設計書，詳細設計書などのドキュメント類のほか，開発対象のシステムに組み込まれているプログラムまで，多岐にわたります（ソフトウェアと著作権の関係は第I部第1章第1節(2)参照）。

　著作権法に基づき，原則として，これら著作物の著作権は原始的に著作者に帰属します。多くの場合，これら著作物を作成するのは受注者であるシステムベンダとなり，本条の規定はその原則に基づき，基本的に著作権がシステムベンダに帰属する旨を規定しています。背景に，システムベンダにとって重要な資産である「フレームワーク」の存在があることは，第I部第1章第3節に記載のとおりです。また，システム開発に関連する多くの著作権をシステムベンダが保有していると，システムベンダは類似案件にそれらを流用することができ，結果，開発コストが削減されることで，ユーザも安価に開発業務やサービス提供を受けられるといった効果もあります。

　たとえば，ユーザが自由にシステムを利用したいと考える場合であっても，著作権自体をユーザに帰属させることは必須ではなく，ユーザが著作物の使用許諾を受けることで足りるため，本条第2項ではそのような整理としています。

　本条の規定については，システム開発プロジェクトの提案・見積フェーズなど，できるだけ早期の段階で両者協議しておくことが望ましいです。交渉の結果，著作権を両者共有とする場合や，ユーザへ譲渡する場合もあります。そのような場合でも，システムベンダが従前から有していた著作物については

譲渡対象外とすることが多く，実務上，譲渡対象の著作物と譲渡対象外の著作物とを明確に切り分けられるかどうかを精査する必要等があり，注意が必要です。

1.24　特許権等

(特許権等)

第23条　本契約及び個別契約の履行の過程で生じた発明，考案，意匠その他の知的財産又はノウハウ等（以下総称して「発明等」という。）に係る特許権，実用新案権，意匠権その他の知的財産権（特許その他の知的財産権を受ける権利を含む。ただし，著作権は除く。）及びノウハウ等に関する権利（以下，特許権，実用新案権，意匠権その他の知的財産権及びノウハウ等に関する権利を総称して「特許権等」という。）は，当該発明等を行った者が属する当事者に帰属するものとします。

2　甲及び乙が共同で行った発明等から生じた特許権等については，甲乙共有とし，その持分については別途甲乙協議の上定めるものとします。この場合，甲及び乙は，共有に係る特許権等につき，それぞれ相手方の同意及び相手方への対価の支払いなしに自ら実施し，又は自己の事業に使用するため，第三者に対し，非独占的な実施を許諾することができるものとします。

3　乙は，第1項の定めに基づき特許権等を保有することとなる場合，甲に対し，甲が本契約及び個別契約の定めに基づき納入物及び提出物を使用するのに必要な範囲について，当該特許権等の非独占的な実施を許諾するものとします。なお，係る許諾の対価は，契約金額に含まれるものとします。

システム開発プロジェクトにかかる契約書においては，知的財産権の帰属につき，著作権とそのほかの知的財産権（特許権，実用新案権，意匠権等）とを分けて，別条文で設けることが多いです。本条は，システム開発業務の過程で生じた発明等の権利帰属およびその取扱いを定めるもので，前条と共にユーザ，システムベンダ双方にとって関心の高い条項の1つといえます。本条では，基本的に特許法等の法令の趣旨に従い，委託業務遂行過程で発生した特許権等の帰属に関する考え方を定めています。

特許庁が実施している「知的財産活動調査」結果の業種別国内特許出願件数によれば，機械製造業等のいわゆるメーカー企業の特許出願件数に比べ，情報

通信業の特許出願件数は1桁少なく[1]，システム開発業務履行の過程で新たな発明等が生まれるケースは，（相対的に）多くはないかもしれません。しかし，「ソフトウェアの処理」は特許の対象となりえ，NTTデータも署名認証に係る特許[2]等，多くの特許を保有しています。

　また，2019年の意匠法改正によって，「意匠」の定義が拡張されたことで，物品に記録されていない画像，すなわちクラウド上に保存されネットワークを通じて端末画面に表示されるような画面デザイン等についても，保護対象となりました。ユーザ，システムベンダ双方にとって，著作権以外の知的財産権（特許権，実用新案権，意匠権等）の重要性は今後増してくると考えられ，これらの帰属につき契約上明確に合意しておくことは重要と考えられます。

1.25　第三者ソフトウェア

（第三者ソフトウェア）

第24条　甲は，第三者ソフトウェアについては，当該第三者ソフトウェアの使用許諾条件に従って使用するものとします。第三者ソフトウェアのうち，乙がライセンサーからライセンスを受けたソフトウェアであって，当該ライセンサーから乙が再使用許諾権を得て，甲に使用許諾するソフトウェア（以下「再使用許諾ソフトウェア」という。）が含まれる場合の使用許諾契約については，個別契約で定める各使用許諾契約のとおりとします。ただし，オープンソースソフトウェア及び再使用許諾ソフトウェアの使用許諾契約と本契約及び個別契約の内容に齟齬のある場合は，当該使用許諾契約を優先して適用するものとします。

2　第三者ソフトウェアのうち，ライセンサーが直接甲にライセンスするソフトウェア（以下「直接許諾ソフトウェア」という。）の使用許諾契約に関する紛争については，当該ライセンサーと甲との間で解決し，乙は一切責任を負わないものとします。

3　乙は，第三者ソフトウェアのうちオープンソースソフトウェア及び直接許諾ソフト

1　特許庁「平成30年知的財産活動調査結果の概要」図表13　業種別国内特許出願件数の推移（全体推計値）における，2017年出願件数は，機械製造業17,308件，電気機械製造業58,940件，一方，情報通信業5,777件にとどまっている。

2　クレジットカード利用時などにタブレット端末を用いて行う自筆サインにより，本人認証を行う技術に関する特許です（特許第6126732号）。第三者が恣意的に筆跡を真似る「なりすまし防止」という課題に対し，さまざまなパラメータ（筆記速度，筆圧，書き順等）による対応策をシステムにおいて実装し，それぞれを特許出願したものです。

> ウェアの不具合又は権利侵害，並びに，納入物以外のソフトウェア等に起因する本件システムの不具合又は権利侵害については，不具合又は権利侵害の存在を知りながら告げなかった場合を除き，他の条項の定めにかかわらず一切の責任を負わないものとします。

「第三者ソフトウェア」とは第2条第(4)号の定義に定めるとおり，「第三者が権利を有するソフトウェア（オープンソースソフトウェアを含む。）であって，本件システムのために使用されるもの」を指します（ちなみにこの定義は，米国国防総省の定めている定義を和訳したものです）。

システムに用いられるソフトウェアには実にさまざまなものがあり，そのすべてをシステムベンダ自らが開発し権利を有するものだけでまかなえることは，実際にはあまりありません。第三者ソフトウェアを使用する場合，権利者である当該第三者が，当該第三者ソフトウェアに関する使用条件を定めた規約を用意していることがほとんどであり，当該第三者ソフトウェアが組み込まれたシステムを使用するユーザもまた，当該第三者ソフトウェアの使用許諾条件に従う必要があるため，本条はそのことにつき確認的に設けている条文です。

第三者ソフトウェアの使用許諾条件等によって，システムベンダがライセンスを受け，それをユーザへ再使用許諾するスキームを取れるものと，権利者である第三者からユーザが直接ライセンスを受ける必要があるものとがあるため，本条では前者を「再使用許諾ソフトウェア」，後者を「直接許諾ソフトウェア」と区分して規定しています。オープンソースソフトウェアについては，第Ⅰ部第2章第3節をご参照ください。

なお，第三者ソフトウェアの使用許諾条件については，当該第三者次第で都度変更される可能性があることから，使用許諾条件が掲載されているWebページへのリンクを契約書等に記載する方法がよく見られます。しかし，契約締結時点における条件を明確化したり，条件に関するトラブル発生時に締結時点の両者合意を振り返ったりする必要も考えられるため，契約書に直接使用許諾条件の全文を添付する形が取られる場合もあります。

1.26　機密保持

（機密保持）
第25条　甲及び乙は，本契約及び個別契約の履行に関して相手方から書面，電磁的記録
　　媒体，その他の有形な媒体により開示又は電磁的方法により開示された技術上，営業
　　その他業務上の情報であって，相手方が当該情報に直接機密である旨表示したもの（以
　　下「機密情報」という。）について，善良なる管理者の注意をもってその機密を保持す
　　るものとし，第4項で定める者に開示する場合を除き，機密情報を第三者に開示して
　　はならないものとします。（以下，本条において機密情報を開示する当事者を「開示者」
　　といい，開示される当事者を「被開示者」という。）
2　前項にかかわらず，次の各号の一に該当する情報は機密情報に含まれないものとし
　　ます。
　⑴　開示時点ですでに公知のもの又は開示後に被開示者の責に帰すことのできない事
　　　由により公知となったもの
　⑵　開示時点で被開示者がすでに保有しているもの
　⑶　開示後に被開示者が守秘義務を負うことなく第三者から正当に入手したもの
　⑷　開示後に被開示者が機密情報によらずに独自に開発し又は知り得たもの
　⑸　オープンソースソフトウェアの著作権者より開示を義務付けられているもの
3　被開示者は，開示者から開示された機密情報について，本契約及び個別契約の目的
　　の範囲内でのみ使用するものとし，本契約及び個別契約の履行にあたり必要となる場
　　合を除き，複製，改変が必要な場合は，事前に開示者から書面又は電磁的方法による
　　承諾を受けるものとします。
4　被開示者は，本契約及び個別契約の履行に必要な範囲において，自己及び直接又は
　　間接の親会社の役員，従業員に対して機密情報を開示できるとともに，本契約及び個
　　別契約と同等以上の守秘義務を課した再委託先（第31条（再委託）で定義される。）そ
　　の他の第三者及び弁護士，税理士，公認会計士その他法令の定めに基づき守秘義務を
　　負う者に対して，開示できるものとします。ただし，被開示者は，第三者に開示した
　　機密情報の機密保持について，開示者に対して本契約上の責任を負うものとします。
5　第1項にかかわらず，被開示者は，法令，通達，ガイドライン等（以下総称して「法
　　令等」という。）の定めに基づき，開示を要求される場合には，要求される範囲に限り
　　機密情報を開示することができるものとします。ただし，当該開示を行うにあたって
　　は，必要最小限の範囲での開示となるよう合理的な努力を行うものとし，事前に（緊
　　急止むを得ない場合には，事後速やかに）開示者に対して当該開示について通知する
　　ものとします。
6　本契約が終了した場合又は開示者から要請があった場合，被開示者は，開示者から

　開示された機密情報を開示者の要請に応じて甲乙協議の上定めた方法に従い破棄又は消去した上で，開示者の要請がある場合，当該破棄日又は消去日から起算して●日以内に甲乙協議の上定める確認書を提出するものとします。

　第4条および第10条等でも述べているとおり，システム開発プロジェクトを円滑に進めるためにはユーザとシステムベンダ双方の知見を持ち寄り，両者が協力して相互の役割を果たすことが重要です。その中で，当事者にとって重要な機密情報を相手方に開示する場面が当然に発生します。本条は，両当事者の重要な情報の取扱いについて明確化するための規定です。

　第1項は，機密保持義務を負う対象を明確化する趣旨で規定しています。現実的な情報管理の負担を考慮し，その範囲が明確となるように，原則として，機密情報は，書面や媒体等記録に残るもので，かつ「機密」である旨の表示が直接されているものに限定しています。しかし，システム開発業務の履行過程では，口頭での議論や意見交換も多く行われます。口頭で開示された情報を機密情報の対象に含める場合は，そのような規定も可能ですが，一定期間内に相手方から機密である旨を書面で通知されたものに限定する等，対象物が特定できるようにしておくことが望ましいです。システム開発業務以外の業務委託契約でも同様ですが，「相手方の機密」や「一切の情報」を機密情報の対象とすることは，システム開発においても望ましくありません。対象が不明確となるうえ，管理対象が膨大な量に及ぶおそれがあり，双方が過剰な情報管理負担を負うこととなり，結果として適切な管理がなされないリスクが高まるおそれがあるためです。

　第2項は，機密保持義務を負う対象の例外を規定したものです。システム開発契約に特有なのは第(5)号でしょう。オープンソースソフトウェアについては，第Ⅰ部第2章第3節でご説明したとおりですが，OSSの中にはそのOSSライセンスにおいて，「自身が開発に用いたOSSや，OSSを改変した部分のソースコードを開示しなければならない」旨の制限がついているものがあります。この場合，当該OSSを使用する以上，当該制限に従って公へ開示が必要となるため，第(5)号のような機密情報からの除外事項を設けています。

　第3項は，機密情報の利用範囲を，委託業務履行の範囲内に限定することで，

相手方から開示された機密情報を他のビジネスに流用したり，その情報を利用して類似のシステム等を開発したりすることを禁止しています。

第4項では，機密情報の開示可能先をあらかじめ定めていますが，これに再委託先も含めている点が，システム開発契約に特有の点かもしれません。第I部第1章第3節で述べたとおり，システム開発プロジェクトでは，プライムとなるシステムベンダの下に複数の開発協力ベンダ等の再委託先がいるケースが多数あります。業務履行のために，これらの再委託先へも機密情報を開示する必要が生じる場合があります。そうした場合に備え，機密情報を開示できる者の範囲を，機密情報を開示する目的の業務遂行に従事する再委託先従業員等にも拡大しています。

第5項は，法令等に基づき機密情報を開示する場合における対応方法を明確にしたものです。第6項は本契約が終了した場合等の機密情報の廃棄のルールについて定めています。

1.27　個人情報保護

（個人情報保護）
第26条　本契約及び個別契約において甲及び乙が相手方に個人情報の提供を行う場合，本条の定めに従うものとします。なお，個人情報とは，「個人情報の保護に関する法律（平成十五年法律第五十七号）」（以下「法」という。）第2条第1項で定める個人情報をいいます。

2　甲及び乙は，相手方に対し提供する情報に個人情報が含まれる場合は，個人情報を提供する正当な権利を有することを保証するとともに，あらかじめ書面にて当該個人情報を特定し，明示しなければならないものとします。甲及び乙が本項に違反した場合，その相手方は当該情報について本条に基づく義務を負わないものとします。

3　甲及び乙は，個人情報の取扱いについて，次の各号で定める義務を負うものとします。

⑴　個人情報を本契約又は個別契約の履行以外の目的のために利用（以下「目的外利用」という。）しないこと

⑵　個人情報を第三者に提供しないこと（ただし，第7項又は第8項に該当する場合には，第三者に個人情報を提供することができるものとする。）

⑶　個人情報の目的外利用，漏洩，紛失，改ざん等（以下「漏洩等」という。）の防止その他個人情報の適切な管理のために必要な措置（以下「安全管理措置」という。）

を講じること

⑷　自己の責任において，本契約又は個別契約により個人情報を取り扱う自己の従業者（雇用関係にある従業員のみならず，取締役，執行役，監査役，派遣社員等を含む。以下「従業者」という。）に本条の義務を遵守させること

4　甲及び乙は，個人情報の取扱いを円滑に推進するために，それぞれ個人情報保護担当者を定め相手方に書面又は電磁的方法により通知（これを変更した場合も同様とする。）し，相手方からの要請，指示等の受理，相手方への依頼又は報告その他相手方との連絡，確認等については，原則として個人情報保護担当者を通じて行うものとします。なお，個人情報保護担当者は，自己の従業者への指示管理を行うものとします。

5　個人情報保護担当者と実施責任者はこれを兼ねることができるものとし，特に通知がない場合はこれを兼ねるものとします。

6　甲及び乙は，相手方に対し，個人情報の取扱いにつき第3項の義務の履行状況を，個人情報の利用期間中6カ月に一度の頻度（ただし，本契約の契約期間が6カ月に満たない場合には，本契約の契約期間満了時とする。）にて報告し，内容につき相手方は確認するものとします。

7　甲及び乙は，本契約又は個別契約を履行するにあたり，再委託先（第31条（再委託）で定義される。）に個人情報の全部又は一部の取扱いを委託する場合，事前に相手方の書面による承諾を得るものとし，本条で定める自己の義務と同等以上の義務を当該再委託先に課すとともに，個人情報の安全管理が図られるよう，当該再委託先に対する必要かつ適切な監督を行うものとします。

8　第3項及び前項にかかわらず，甲及び乙は，法令等の定めに基づき，提供を義務付けられる場合には，義務付けられる範囲に限り第三者に対し個人情報を提供することができるものとします。ただし，当該提供を行うにあたっては，必要最小限の範囲での提供となるよう合理的な努力を行うものとし，事前に（緊急止むを得ない場合には，事後速やかに）相手方に対して当該提供について通知するものとします。

9　甲及び乙は，本契約又は個別契約の履行にあたり必要となる場合を除き，相手方の事前の書面又は電磁的方法による承諾を得ることなく，個人情報を複製してはならないものとします。なお，個人情報の複製物の取扱いは本条に従うものとします。

10　甲及び乙は，個人情報の漏洩等が発生した場合は，直ちに相手方に報告を行い，対応等について相手方と協議するものとします。

11　甲及び乙は相手方から個人情報を受領した場合，甲乙協議の上定めた方法に従い，個人情報の受領証を相手方に提出するものとします。

12　本契約が終了した場合又は相手方から要請があった場合，甲及び乙は，相手方から提供された個人情報を相手方の要請に応じて甲乙協議の上定めた方法に従い破棄又は消去した上で，当該破棄日又は消去日から起算して●日以内に甲乙協議の上定める確認書を相手方に対して提出するものとします。

13　甲及び乙は，相手方から提供された個人情報の主体（以下「本人」という。）に対して法第27条から第33条で定める個人情報の利用目的の通知，開示，訂正等及び利用停止等（以下総称して「開示等」という。）を行う権限を有せず，本人から開示等の請求を受けた場合，速やかにその旨を相手方に通知するものとし，当該通知を受けた相手方は本人に対して必要な対応を取らなければならないものとします。

14　甲又は乙は，前項の定めによる必要な対応を行わなかったことにより相手方が本人又は関係する第三者から法第34条で定める裁判上の訴えを提起された場合，自己の責任と費用をもって当該訴えを処理し解決するものとします。

15　甲及び乙は，本条の内容及び安全管理措置その他付随する事項を変更する必要が生じた場合，変更内容，変更範囲，変更に要する費用等を考慮し，その対応について甲乙誠実に協議するものとします。

　システム開発プロジェクトにおいて，ユーザとシステムベンダ間において個人情報の授受が行われるかどうかは，開発対象システムの性質やシステムベンダが受注する業務内容によります。たとえば，ユーザ社内で利用予定の勤怠管理システムの開発をシステムベンダが受注した場合で，当該システムを構築するサーバ内にユーザ従業員の個人情報を格納する作業をシステムベンダが担当する場合，システムベンダはユーザから従業員の個人情報（個人データ）を受領することとなります。本条は，こうした個人情報の授受が行われる場合の個人情報の取扱方法について定めたものです。なお，契約締結時において個人情報の授受が想定されていない場合でも，システム開発業務履行の過程で，当初の想定が変更され，個人情報の授受が発生するケースもありえるほか，本条は個人情報の授受が発生した場合にのみ効力を有する条項であるため，本条の規定は残しておく場合もあります。

　授受される個人情報の取扱いについては，個人情報保護法および個人情報保護委員会の定めるガイドライン等に従う必要があり，基本的に本条各項に定める内容はこれら法令に準じた内容となっています。

　たとえば，第2項では，個人情報の提供者が，当該個人情報を提供する正当な権利を有することを保証すること，あらかじめ書面にて当該個人情報を特定し，明示することを定めています。これは，個人情報の第三者提供にあたっては，法令上原則として個人情報の主体たる本人の同意が必要である一方，個人

情報の受領者（多くの場合システムベンダ）が直接当該同意の有無を本人に確認することは実務上困難であるため，提供者側（多くの場合ユーザ）で，本人同意が取得されていることを保証してもらう必要があるためです。

　また，個人情報の定義は個人情報保護法第2条第1項に規定されていますが，当該定義だけでは必ずしも両当事者間において対象範囲の認識が合致していないケースもあるため，本条が対象とする個人情報の範囲を明確にし，双方で認識の相違が生じることを回避するために，書面での特定を求めています。この両当事者間において対象範囲の認識が合致していないケースというのは，たとえば，ユーザから受領する情報が，氏名，住所や電話番号等を削除した情報（加工リスト）であって，システムベンダの立場からすると特定の個人を識別することができず，一見すると個人情報保護法上の個人情報の定義に該当しないように見えるケースが挙げられます。実際に交渉の過程で，加工リストのみであれば特定の個人を識別できないため個人情報として取り扱う必要はないと主張されるユーザもいますが，実は，現在の個人情報保護法では，いわゆる「提供元基準」の考え方が取られており，提供元である事業者において「他の情報と容易に照合することができ，それにより特定の個人を識別することができることとなる」場合には，依然として個人情報として取り扱わなければならず，第三者提供にあたっても法令で許容された範囲内のみ行えることとなります[3]。つまり，たとえばユーザが所持している元の顧客リストと照合することにより，加工リストでも特定の個人を識別できる場合には，当該加工リストは個人情報に該当することとなるのです。

　また，必ずしも特定の個人を識別することができないかどうかを受領者側で判断できないケースもあります。たとえば，氏名，住所や電話番号等が含まれていない位置情報や購買情報の履歴などは，その組み合わせや蓄積期間，精度等によっては特定の個人を識別可能となり，個人情報に該当する可能性があり

3　2017年5月31日に施行された個人情報保護法の全面改正（2015年法律第65号）にかかる法令やガイドラインにおいては，容易照合性について「提供元判断基準」，「提供先判断基準」のいずれに立つのかは明らかにされていませんでしたが，『「個人情報の保護に関する法律についてのガイドライン（通則編）（案）」に関する意見募集結果』19番において，「提供元判断基準」によることが明らかとなりました。

ますが，その判断は受領者側では容易ではありません。このように，管理対象となる個人情報の範囲につき，両当事者間で認識の相違が生じることを回避するために，第2項において書面での特定を求めています。

　なお，第2項では個人情報の提供者が対象情報を特定明示する義務を怠った場合，受領者は当該個人情報について相手方に対し本契約上の義務は負わないことを規定していますが，当然に個人情報保護法上の義務は負うこととなります。

　第3項は，個人情報保護法上求められる内容に従い個人情報の取扱い制限として4点を定めています。

　第4項および第5項は，個人情報の受渡し等のやりとりは原則として決められた個人情報保護担当者を通じて行うことで，個人情報の授受の有無等について，相手方との行き違いが発生することを防止する趣旨です。また，システム開発プロジェクトの運営上は（プロジェクトメンバーの人数等にもよりますが），第7条に定める実施責任者が個人情報保護担当者を兼ねるケースが多いため，通知がない場合には実施責任者が個人情報保護担当者を兼ねることとし，改めて通知を行う手間を省けるようにしています。

　第6項は，本条に定める義務の履行状況を相互に確認できるよう，定期的な報告義務を定めたものです。

　第7項は，受領した個人情報を再委託先へ開示する場合につき規定しています。前条（機密保持）第4項の解説でも述べたとおり，システム開発プロジェクトでは，プライムとなるシステムベンダの下に複数の開発協力ベンダ等の再委託先がいるケースが多いです。業務履行のために，これらの再委託先へ相手方の個人情報を開示する必要が生じる場合があります。個人情報保護法上，自社の業務の一部を第三者に代わりに行ってもらうために，個人情報を提供する場合は，第三者提供でなく，委託として取り扱い，本人同意なしに情報を開示することが認められています。一方で，個人情報保護法第22条より，個人情報を開示する委託元は，その委託先に対して必要かつ適切な監督を行う義務を負っています。そのため，本項では再委託先に対し必要かつ適切な監督を行う旨を規定しています。なお，当該監督義務を適正に履行するために，個人情報保護委員会のガイドラインでは，委託先における個人情報の取扱状況の把握に

ついて，たとえば，必要に応じて当該個人情報を取り扱う場所に赴いたり，これに代わる合理的な方法（口頭による確認を含む）により確認したりすることを求められています。

第8項では，法令等に基づき個人情報を開示するケースにおける対応方法を明確にしています。法令等に基づき開示する場合であっても，

- 必要最小限の範囲での開示となるよう合理的な努力を行うとともに，
- 個人情報が知らない間に第三者に開示されないよう，原則として事前に相手方に通知する（緊急止むを得ない場合で，事前通知ができない場合については，義務違反とならないよう，事後の通知を許容）

こととしています。

第9項では，個人情報の複製について，複製するとその分漏洩等の危険性が増大することから，本契約の履行にあたり必要となる場合を除き，個人情報の複製を原則として禁止しています。なお，個人情報を複製したものについても，当然，個人情報として本条に従い取り扱う必要があることから，複製についても本条に従う旨規定しています。

第10項では，個人情報の漏洩等の事故が発生した場合について規定しています。万が一，個人情報の漏洩等の事故が発生した場合，個人情報取扱事業者は，二次被害の発生や損害の拡大等を防止するために漏洩等の原因を究明するのはもちろんのこと，被害者への連絡やホームページへの公表等の対応を，ただちに行わなければなりません。したがって，これらの措置を迅速に実施できるようにするため，個人情報の漏洩等の事故が発生した場合には，ただちに相手方に報告したうえで，具体的な対応につき協議することとしています。

第11項は，授受された個人情報の内容が，提供時に特定，明示したものと合致しているかを確認し，受領証を提出することで，授受された個人情報の内容について，提供元と受領者との間で認識の齟齬が生じることを防止するために規定しています。

第12項は，本契約が終了した場合または相手方の要請があった場合の，個人情報の取扱いについて規定しています。本契約が終了し，個人情報を保有している必要がないにもかかわらず個人情報を保有していると，個人情報の漏洩等が生じるリスクを負い続けていることになります。また，委託業務遂行のため

に個人情報の授受を行った経緯に鑑みると，相手方から個人情報の破棄または消去の要請があった場合，受領者には個人情報を保有しておく権限がありません。したがって，本契約が終了した場合や相手方の要請があった場合は，個人情報を破棄または消去することとしています。個人情報の破棄または消去にあたっては，確認書を提出することにより，その証跡を残すことで，万が一，個人情報の破棄または消去後に個人情報の漏洩等が生じた場合に，受領者が責任を問われるリスクを低減できるようにしています。

　第13項および第14項は，個人情報の主体である本人からの請求等について，個人情報保護法の内容に沿って規定したものです。個人情報保護法第27条以下において，個人情報取扱事業者は，個人情報の主体である本人からの利用目的の通知，開示[4]，訂正等[5]の請求に対応する義務が定められていますが，個人情報の提供を受けた受領者ではその権限を有していません。そこで，個人情報の受領者は，本人からの上記の請求に対して直接的に対応する権限を有していないことを契約上明確にするとともに，個人情報を提供した当事者が必要な対応を行う旨を明らかにしています。

　なお，個人情報保護法第34条により，本人による開示，訂正等および利用停止等[6]の請求後2週間が経過した場合，本人は当該請求に関する訴訟を提起することができます。したがって，もし個人情報の受領者が本人から当該請求を受けた場合には，速やかに相手方に通知することとし，相手方は本人に対して必要な対応を取る義務を負うこととし，当該対応を行わなかったことによって訴訟が提起された場合には，義務不履行者が自己の責任と費用で当該訴訟を処理し解決する旨を規定しています。

4　どのような保有個人データ（例：住所，氏名，電話番号等）を保有しているかを開示することをいいます。
　　保有個人データとは，個人情報取扱事業者が，開示，内容の訂正，追加または削除，利用の停止，消去および第三者への提供の停止を行うことのできる権限を有する個人データ（ただし，6カ月以内に消去することとなるものを除く）をいいます。
5　本人からの，保有個人データの内容が事実でないという理由による要請に基づき，当該保有個人データの内容の訂正，追加または削除（個人情報保護法上，まとめて「訂正等」とされています）することをいいます。
6　本人からの，利用目的に反して取り扱われているまたは偽りその他不正の手段により取得したとの理由による要請に基づき，保有個人データの利用の停止または消去（個人情報保護法上，まとめて「利用停止等」とされています）することをいいます。

　第15項は，個人情報保護法や個人情報保護委員会の定めるガイドライン，Q&Aの改正等が生じることに伴い，本条の規定を変更する必要が生じた場合，それに対応すべく両者協議することを定めたものです。たとえば，個人情報の安全管理措置の具体的な手法が変更される等，変更内容次第では，開発対象システムのセキュリティ要件を変更しなければならない等の影響が生じるおそれがあり，そのような際に，追加費用の負担も含めて協議できるようにしています。

1.28　不可抗力

（不可抗力）

第27条　甲及び乙は，天災地変，戦争，暴動，内乱，テロリズム，重大な疾病，感染症リスク若しくはこれに類するもの，争議行為，法令等の制定若しくは改廃，公共インフラ（輸送機関，通信回線等を含む。）の事故，電力事故，政府機関による命令，仕入先等の製造中止及び操業停止，中間資料，納入物及び提出物に対する第三者による物理的侵害その他自己の責に帰すことのできない事由（以下総称して「不可抗力」という。）による本契約又は個別契約の履行遅滞又は履行不能（金銭債務を除く。）について，相手方に対し本契約及び個別契約上の責任を負わないものとします。なお，本条における不可抗力による本契約及び個別契約の履行遅滞又は履行不能には，甲又は乙の合理的な指示に基づく自宅待機措置等による本契約又は個別契約の履行遅滞又は履行不能を含むものとします。

　契約当事者の合理的な支配を超えた事象により，債務の履行が遅滞したり不能となったりした場合に，債務者が債務不履行責任を負わない旨を定めた条項です。

　法令において何を不可抗力事由の対象とするか定めた規定があるわけではないため，どのような場合を不可抗力とするかを具体的に列挙しています。一般的に不可抗力と考えられやすい天災地変や戦争等のほかにも，本条では，新型インフルエンザ等の感染症や公共インフラや電力の事故，債務者の合理的な指示に基づく自宅待機措置等も，不可抗力事由の対象に含めています。これは，公共インフラ（特に通信回線等）が停止してしまった場合，システムベンダはシステム開発業務をその間中断せざるを得なくなるおそれがあったり，たとえば新型インフルエンザ等の感染症が蔓延し，雇用主として従業員の安全確保の

ため在宅勤務や自宅待機の措置を取らざるを得なくなった場合，開発中のシステム環境にテレワーク環境からアクセスできない等の理由で，開発環境で実施が必要な作業を一時停止せざるをえなくなったりすることがあるためです。実際に，2020年世界的に蔓延した新型コロナウィルス感染症では，多数のプロジェクトにおいて，そのようなイレギュラーな対応が必要となりました。システムベンダとしては，これらの事象は人の力によって支配可能な範囲を超えており，かつ防止のために相当の注意をしても防止できないものであると考え，不可抗力事由の対象としています。不可抗力事由が発生した場合には，債務不履行責任については免責されますが，履行債務そのものがなくなるわけではない（こちらは危険負担の問題）と解されています。なお，民法第419条により，金銭債務の履行遅滞については免責されないため，本条でも金銭債務については免責の対象外としています。

1.29 　知的財産権侵害の責任

（知的財産権侵害の責任）

第28条　本契約及び個別契約に基づく納入物及び提出物が，乙の責に帰する事由により，第三者の著作権及び特許権等その他の知的財産権（以下総称して「知的財産権」という。）を侵害するものとして，第三者より請求がなされ，納入物及び提出物の将来に向けての使用が不可能となるおそれがある場合，甲は検収日又は提出物確定日から起算して●カ月以内に書面でその旨を乙に通知します。乙は，係る通知を受けた場合には，乙の判断及び費用負担により，次の各号のいずれかの措置を講じることができるものとします。

⑴　権利侵害のない他の納入物又は提出物との交換

⑵　権利侵害している部分の変更

⑶　納入物及び提出物の継続的使用のための許諾又は権利取得

　　ただし，第三者の知的財産権の侵害が，納入物，提出物及び第三者が甲に提供するその他のソフトウェア又はハードウェアを組み合わせたことに起因して発生した場合には，乙は甲に対して第三者の知的財産権の侵害につき責任を負わないものとします。

2　甲が納入物及び提出物に関し，知的財産権の侵害に係る請求がなされ，前項の通知を受けた場合，次の各号所定のすべての要件が満たされる場合に限り，乙は係る請求によって甲が支払うべきとされた損害を第30条（損害賠償）の定めに従い負担するものとします。ただし，第三者からの請求が乙の責に帰すべき事由によらない場合には

この限りではなく，乙は一切責任を負わないものとします。
 ⑴　甲が第三者から請求を受けた日から●日以内に，乙に対し申立の事実及び内容を通知すること
 ⑵　甲が第三者との交渉又は訴訟の遂行に関し，乙に対して実質的な参加の機会及びすべてについての決定権限を与え，並びに必要な援助をすること
 ⑶　甲の敗訴判決が確定すること又は乙が訴訟遂行以外の決定を行った場合は和解等により確定的に解決すること
3　本契約及び個別契約に基づく納入物及び提出物による第三者の知的財産権の侵害に関する乙の責任は，本契約及び個別契約の他の定めにかかわらず本条に定めた範囲に限られるものとします。

　納入物や提出物が第三者の知的財産権を侵害していた場合のシステムベンダの責任範囲や侵害解消措置の内容を明確にした規定です。

　第三者の知的財産権の侵害に対するシステムベンダの責任を，侵害解消措置（権利侵害のない納入物との交換，権利侵害している部分の変更，納入物の継続的使用のための許諾または権利取得）を講じることに限定しています。現実的に取りうる手段を考慮し，侵害解消措置としては，権利侵害のない納入物と交換すること，権利侵害している部分を変更すること，納入物の継続的使用のため，当該第三者から許諾または権利を取得することの3つに限定しています。また，いずれの措置を取ることが最も経済合理性にかなうかはケースバイケースであるため，システム開発技術の知見を有するシステムベンダの判断で，いずれの対応を取るかは決定できるものとしています。加えて，当該権利侵害が，システムベンダの責によらない場合や，システムベンダの開発した納入物（ソフトウェア等）と他のソフトウェアとを組み合わせたことにより生じた侵害については，システムベンダに帰責性があるわけではないため，責任を負わないこととしています。

　第2項では，システムベンダが損害賠償を負担する場合の要件を規定しています。知的財産権の侵害により生じる損害は，一般に高額になることが多いことから，他の契約違反による損害賠償条項（第30条）と同様に，損害賠償額の上限を設定するとともに，損害賠償の範囲から，逸失利益，特別損害，間接損害等を除外しています。また，損害を最終的に賠償することとなるシステムベ

ンダにおいて，権利者である第三者との交渉や訴訟についてコントロール（権利者の主張内容等の情報の取得，争うか和解するかの方向性の決定等）を可能にしておくことで，システムベンダのあずかり知らないところで問題が悪化してしまうことを防ぐ意味で，一定の要件を設定しています。

1.30 免責事項

（免責事項）
第29条　乙は，次の事由による本契約及び個別契約の履行遅滞又は履行不能（納入物の契約不適合を含む。）について，甲に対し本契約及び個別契約上の責任を負わないものとします。
　⑴　個別契約締結時点において合理的な範囲で把握できなかったコンピュータウイルス，ハッキング，サイバーアタック，第三者による不正アクセス行為その他セキュリティの脆弱性に起因するもの
　⑵　乙の責によらないハードウェア，ソフトウェアの不具合によるもの
　⑶　本契約及び個別契約の履行の際に乙のシステムに接続される又は納入物及び提出物と接続される甲のシステム，サービス，ネットワークの不具合に起因するもの
　⑷　個別契約締結時点において合理的な範囲で予見できなかった設備又はソフトウェアの不具合並びにトランザクションの過度の集中によるシステムダウンに起因するもの
　⑸　電気通信事業者の責に帰すべき故障，アクセス不能，性能の劣化に起因するもの
　⑹　端末機器，周辺機器，その他のソフトウェア及び通信回線等，納入物及び提出物に含まれる又は本契約及び個別契約の履行の際に用いられるコンピュータプログラムの稼動環境に含まれる第三者のソフトウェアに起因した，コンピュータプログラムの稼動不良に起因するもの

　第I部第3章第3節，第4章第3節において，開発対象システムの要件（非機能要件）の1つとしてセキュリティ要件をユーザとシステムベンダ間で取り決めることや，運用・保守業務として実施するセキュリティ対策内容をユーザとシステムベンダ間で合意すること等をご説明しました。
　システムベンダは，それぞれの時点で把握可能なコンピュータウイルスやハッキングの技術等を勘案し，適切なセキュリティ要件，セキュリティ対策をご提案するよう努めていますが，日々コンピュータウイルスは進化し，ハッキ

ング等の技術も進化しています。そのため，将来発生しうるすべてのコンピュータウイルスに常に対応できるセキュリティを備えたシステムを構築することは，現実的ではありません。まさに IT という事業の特性上，セキュリティの脆弱性や未知のコンピュータウイルスの発生など，契約締結時点では想定しきれない事由によって，契約上の義務が履行できなくなる可能性があるのです。そのすべての責任をシステムベンダが負わなければならないとなると，システムベンダはそのリスクに備えたリスク費をあらかじめ積む必要が生じ，開発コストが膨れあがることになりかねません。このコストは結局ユーザへ請求する契約対価にはねることとなってしまうため，一定の事由について過剰な責任をシステムベンダが負うことを回避しておくほうが両当事者にとって適切であると考え，本条を定めています。

1.31 損害賠償

> （損害賠償）
> 第30条　甲又は乙は，相手方の本契約又は個別契約違反により損害を受けた場合に限り，相手方に対し，損害賠償を請求することができるものとします。
> 2　債務不履行，契約不適合，不当利得，不法行為，製造物責任その他請求原因の如何にかかわらず，相手方に請求することができる損害賠償は，現実に生じた通常かつ直接の損害に限られ，かつ，その総額は当該損害発生の直接原因となった個別契約の契約金額を累積上限とし，その他の一切の損害（不可抗力により生じた損害，自己の責に帰すべき事由により生じた損害，予見の有無を問わず特別の事情から生じた損害及び逸失利益を含む。）は請求することができないものとします。

本条は，両者が負う損害賠償範囲を民法の定める賠償範囲より限定することを意図した規定です。

システム開発プロジェクトでは，システムベンダの納入する納入物に関し不具合等が生じた場合，それにより連携していた別システムまでストップしてしまったり，システムの利用者であるエンドユーザ数が多い場合，影響が広範囲に及んだり，情報漏洩等が生じたりして，損害賠償額が莫大なものとなることがあります。読者の中には，そうしたリスクがありえるからこそ，システムベ

ンダに一切の責任を負ってもらえるようにすべきで，本条のような責任限定等はすべきでないと考える方がいらっしゃると思います。しかし，正直に申し上げて，そうしたリスクを顕在化させないための施策（セキュリティ対策や保守業務としての監視体制の維持等）には限界があり，リスク発生時の損害が仕入先にあった場合でも，必ずしもその賠償を転嫁できるとは限りません（特に近年では海外製品を納入物の一部に組み込み利用しているケースも多いですが，従来から海外の取引慣行上は責任範囲の限定や賠償金額の上限を契約で設定している事例が多く見られ，システムベンダから当該仕入先へ求償できる範囲が限定されることもあります）。これらのリスクの一切をシステムベンダで負担することは，システムベンダが事業を継続するうえで経済合理性等の観点から非常に困難と言わざるを得ません。本条は，システムベンダが，経済合理性にみあう，より安価な契約金額で業務提供できるようにすることを目的に，第29条等と同様，システムベンダの責任を一定範囲に限定するものです。

　なお，契約金額を安価に設定するために損害賠償範囲や損害賠償上限額を制限するという考え方は，裁判所も一定の合理性があると判断しています[7]。また，経済産業省の「情報システムの信頼性向上のための取引慣行・契約に関する研究会」から公表されたモデル契約書とその解説[8]の中でも，情報システムの特殊性を考慮して損害賠償責任を設定すべき，という意見が出ており，システムベンダ等のIT事業者が締結する契約の多くで，同様の責任限定の条項が用いられています。本条の交渉においては，ユーザとベンダの双方が，リスクの有無・性質・規模等を的確に認識し，管理の仕方を検討，協議し，両者合意できる水準を検討することが，なによりも重要と言えるでしょう。

1.32　再委託

（再委託）
第31条　乙は，乙の責任において，委託業務の一部を第三者（甲が指定する再委託先も

7　東京高判平成2年7月12日（判時1355号3頁）も，責任限定条項を設けることの合理性を認めています。
8　前掲第I部第1章注1

含む。）に再委託することができるものとします（係る第三者を以下「再委託先」といい，再委託が数次に渡る場合は，そのすべてを含む。）。

2　乙は，甲が要請した場合，再委託先の名称及び住所等を甲に報告するものとし，甲において当該再委託先に再委託することが不適切となる合理的な理由が存する場合，甲は乙に，書面により，その理由を通知することにより，当該再委託先に対する再委託の中止を請求することができるものとします。

3　前項により，甲から再委託の中止の請求を乙が受けた場合は，各委託業務の実施期間及び契約金額等の本契約又は個別契約の内容の変更について協議し，甲乙双方の契約締結権限を有する者が記名押印した書面による合意をもって本契約又は個別契約を変更することができるものとします。

4　乙は当該再委託先との間で，再委託に係る業務を遂行させることについて，本契約及び個別契約に基づいて乙が甲に対して負担するのと同等の義務を，再委託先に負わせるものとします。

5　乙は，再委託先の履行について甲の責に帰すべき事由がある場合を除き，自ら業務を遂行した場合と同等の責任を負うものとします。ただし，甲の指定した再委託先の履行については，乙に故意又は重大な過失がある場合を除き，責任を負わないものとします。

　システム開発プロジェクトは，プライムとして受注するシステムベンダの背後に，二次請け，三次請けにあたる他のベンダ等を起用して遂行される場合が多くあります。そのため，業務の一部を第三者に再委託することをあらかじめ可能とする趣旨で本条を定めています。ただし，情報管理等の観点から，再委託先となる業者を把握しておきたいと要望される発注者甲（ユーザ）も多いことから，再委託を実施する際には，事前にユーザに通知することとし，委託状況をユーザが確認できるような規定としています。

　第2項および第3項において，ユーザが再委託先を不適切と判断した場合は再委託の中止を請求することができる旨定めていますが，その場合は別の再委託先を選定する必要等が生じ，当初想定していた期間とコスト（原価）で業務を実施可能か，再度検討する必要があるため，個別契約等の変更につき協議できる旨を同時に規定しています。

　また，第5項においては，再委託を行う受託者乙（システムベンダ）の責任についても規定しています。

1.33　権利義務の譲渡等

> （権利義務の譲渡等）
> 第32条　甲及び乙は，あらかじめ相手方の書面による承諾がない限り，本契約若しくは個別契約上の地位を第三者に承継させ，又は本契約若しくは個別契約上の権利義務の全部若しくは一部を第三者に譲渡，貸与，担保設定その他の処分をしてはならないものとします。

　契約上の地位や権利義務を勝手に第三者に譲渡，貸与，担保設定等されてしまうことを防止する趣旨で規定しています。

1.34　契約解除

> （契約解除）
> 第33条　甲又は乙は，相手方が次の各号の一に該当した場合に限り，何らの通知催告を要せず，直ちに本契約又は個別契約の全部又は一部を解除できるものとします。
> 　⑴　支払停止又は支払不能となった場合
> 　⑵　手形又は小切手が不渡りとなった場合
> 　⑶　差押え，仮差押え若しくは仮処分があった場合又は競売の申立があった場合
> 　⑷　破産手続開始，会社更生手続開始，特別清算手続開始又は民事再生手続開始の申立があった場合
> 　⑸　解散又は事業の全部若しくは重要な一部を第三者に譲渡しようとした場合
> 　⑹　前各号のほか，その他，資産，信用又は支払能力に重大な変更を生じた場合
> 　⑺　第32条（権利義務の譲渡等）に違反した場合
> 　⑻　第34条（反社会的勢力との関係排除）第1項又は第2項に違反した場合
> 　2　甲及び乙は，相手方が本契約又は個別契約に違反し，当該違反に関する書面による催告を受領した後●日以内にこれを是正しない場合は，事前通知を行った上で本契約及び個別契約の全部又は一部を解除することができるものとします。ただし，当該違反が軽微な場合は，本契約及び個別契約の全部又は一部を解除することができないものとします。
> 　3　前各号の定めにかかわらず，甲は，再使用許諾ソフトウェア以外の第三者ソフトウェア，並びに，納入物及び提出物以外のソフトウェア等に起因する本件システムの不具合等を理由として，解除権を行使することはできないものとします。
> 　4　甲又は乙は，第1項又は第2項に基づいて相手方から本契約又は個別契約の全部又

は一部を解除された場合は，当然に期限の利益を失い，相手方に対して負担する一切
の金銭債務を直ちに履行するものとします。
5　本契約又は個別契約の全部又は一部が解除された場合，乙は，当該解除までに乙が
遂行した各委託業務に相当する契約金額及び解除により乙が負担することとなる費用
（人的資源，物的資源確保に要した費用を含む。以下同じ。）を請求することができ，
甲は，乙が定める日までに当該金額及び費用を一括して乙に支払うものとします。た
だし，乙が第1項又は第2項に該当したことに基づいて甲が本契約又は個別契約の全
部又は一部を解除した場合，甲は支払義務がないものとします。

　両当事者が行使可能な契約の解除権について定めた規定です。改正民法では，
契約の解除はもはや継続する意味のない契約関係から離脱するための手段と考
えられ，必ずしも相手方の債務不履行等の帰責性の有無にかかわらず，無催告
での契約解除が可能となりました。しかし，実務上は契約解除により履行予定
だった業務が中止されるとなると，それまでに作成済みの納入物の取扱いやそ
れに対する費用の精算等，さまざまな問題が生じうるため，無催告での解除を
民法第542条等に定める事由の場合に安易に認めることは難しいと考えられま
す。そのため，第1項において，無催告での解除は，基本的に速やかな債権回
収を目的とし，相手方の信用不安等の場合に限り可能としています。また，第
2項において，催告後の解除も，相手方に帰責事由があり，かつ一定期間それ
が是正されない場合に限定しています。
　なお，第5項において，発注者側の都合または帰責事由により契約が途中で
解除された場合は，システムベンダがそれまでに履行した業務の対価を得られ
るよう，規定しています。これは民法第641条，第651条および第620条の趣旨を
踏まえたものです。

1.35　反社会的勢力との関係排除

（反社会的勢力との関係排除）
第34条　甲及び乙は，自己及び自己の役員が，現在，暴力団，暴力団員，暴力団員でな
　　くなった時から5年を経過しない者，暴力団準構成員，暴力団関係企業，総会屋等，
　　社会運動等標ぼうゴロ又は特殊知能暴力集団等，その他これらに準ずる者（以下総称
　　して「暴力団員等」という。）に該当しないこと，及び次の各号のいずれにも該当しな

いことを表明し，かつ将来にわたっても該当しないことを確約するものとします。
　⑴　暴力団員等が経営を支配していると認められる関係を有すること
　⑵　暴力団員等が経営に実質的に関与していると認められる関係を有すること
　⑶　自己，自社若しくは第三者の不正の利益を図る目的又は第三者に損害を加える目的をもってする等，不当に暴力団員等を利用していると認められる関係を有すること
　⑷　暴力団員等に対して資金等を提供し，又は便宜を供与する等の関与をしていると認められる関係を有すること
　⑸　役員又は経営に実質的に関与している者が暴力団員等と社会的に非難されるべき関係を有すること
2　甲及び乙は，自ら又は第三者を利用して次の各号の一に該当する行為を行わないことを確約するものとします。
　⑴　暴力的な要求行為
　⑵　法的な責任を超えた不当な要求行為
　⑶　取引に関して，脅迫的な言動をし，又は暴力を用いる行為
　⑷　風説を流布し，偽計を用い又は威力を用いて相手方の信用を毀損し，又は相手方の業務を妨害する行為
　⑸　その他前各号に準ずる行為
3　第33条（契約解除）第1項第8号で定める事由に該当したことにより，本契約又は個別契約の全部又は一部を解除された者は，自己に損害が生じた場合にも，相手方に何らの請求を行わないものとします。また，当該相手方に損害が生じた場合は，第30条（損害賠償）の定めに従い，その賠償責任を負うものとします。

　犯罪対策閣僚会議「企業が反社会的勢力による被害を防止するための指針」（2007.6.19）を契機として，現在，すべての都道府県において暴力団排除条例が制定されています。多くの都道府県の条例において，事業者が契約を締結する際には暴力団排除に係る特約条項を規定する努力義務が設けられています。これを踏まえ，両当事者において反社会的勢力との不適切な関係を排除することを表明し，確約する旨の規定を設けています。

1.36　輸出管理

（輸出管理）
　第35条　甲及び乙は，本件資料等，機密情報，納入物，提出物及びそれらに含まれる技

術（以下総称して「技術情報等」という。）を海外に持ち出し又は非居住者に提供する場合は，経済産業大臣の輸出許可を取得する等，関連法規の定めに基づき適正な手続きをとるものとします。

2　甲及び乙は，相手方から提供を受けた技術情報等を武器や兵器の開発及び製造に一切使用してはならないものとします。

　本条は，技術情報等の輸出には「外国為替及び外国貿易法」およびその関連法令に基づく輸出管理規制に従う必要がある場合があることを注意喚起するとともに，技術情報等が軍事目的で不正転用されないよう注意喚起する趣旨で設けているものです。システム開発プロジェクトにおいても，輸出許可の取得が必要となる技術情報を含む設計書や仕様書，ネットワーク機器やコンピュータプログラムを取り扱うおそれがあることから，定めています。

1.37　契約期間

（契約期間）
第36条　本契約の契約期間は，●年●月●日から●年●月●日までとします。

2　本契約の終了後においても，有効に存続する個別契約については，当該個別契約が有効に存続する間，本契約の各条項がなお有効に当該個別契約に適用されるものとします。

3　本契約の終了後においても，第25条（機密保持）は本契約及びすべての個別契約の終了後●年間は有効に存続し，第15条（変更の協議不調等に伴う契約終了），第19条（支払遅延損害金），第21条（端数整理），第22条（著作権），第23条（特許権等），第24条（第三者ソフトウェア），第26条（個人情報保護），第27条（不可抗力），第28条（知的財産権侵害の責任），第29条（免責事項），第30条（損害賠償），第31条（再委託），第32条（権利義務の譲渡等），第33条（契約解除），第35条（輸出管理），第37条（管轄裁判所）及び第38条（準拠法）は有効に存続するものとします。

　本契約は基本契約ですが，対象システムの開発を完了させるまでの期間は（いつまでに当該システムを利用開始したいかというユーザの希望等もあり）あらかじめ設定可能なケースが多いため，一連の委託業務を実施する期間を考慮し，基本契約の有効期間は自動更新にはせず，一定期間に限定して定めることを想定しています。

1.38　管轄裁判所

> （管轄裁判所）
> 第37条　本契約及び個別契約に関する一切の紛争については，東京地方裁判所を第一審
> 　　の専属的合意管轄裁判所として処理するものとします。

　紛争が生じた場合，どの裁判所が当該紛争を取り扱う管轄権を有しているかは裁判所法や民事訴訟法等に規定がありますが，原告・被告の所在地や業務履行地などによって複数の裁判所が候補となりうるため，あらかじめ専属的合意管轄裁判所を合意しておくことは，係属裁判所をめぐる争いを避けることができ，両当事者にとってメリットがあります。

1.39　準拠法

> （準拠法）
> 第38条　本契約及び個別契約は日本法に準拠し，同法によって解釈されるものとします。

　日本国内に所在する事業者間での取引であり，日本国内で履行が完結する国内取引である場合は，当然に日本法が適用されるため，必ずしも本条の規定は必要ではありませんが念のため明確化を図っています。なお，国際取引の場合は，準拠法を明確に合意しておくことは重要です。日本では「法の適用に関する通則法」の定めが適用されますが，相手方の所在国が同様の法令を有しているかは保証がなく，どの国の法律が適用されるかが不明確となり，リスクの予測や紛争解決の予測が極めて困難になるおそれがあるためです。

1.40　協議

> （協議）
> 第39条　本契約及び個別契約に定めのない事項その他本契約及び個別契約の条項に関し
> 　　疑義を生じた場合は，甲乙協議の上円満に解決を図るものとします。

　契約の内容等に疑義が生じた場合に協議により解決を図ることを意図して本条を設けています。

2　システム開発個別契約（準委任）

　第I部第2章第2節でも説明したとおり，システム開発においては，段階ごとに契約締結することが多いため，以下では，要件定義や受入テスト等の準委任業務として履行する場合の契約について紹介します。

2.1　頭書

> 　●●●（以下「甲」という。）と○○○（以下「乙」という。）は，甲乙間で締結された●年●月●日付「システム開発委託基本契約書」（以下「本基本契約」という。）に基づき，システム基本構想立案及びシステム要件定義支援に関し，次のとおり個別契約（以下「本契約」という。）を締結します。なお，本契約における定義は，本契約において特に定めるものを除き，本基本契約における定義と同一とします。

　頭書では，本契約の当事者と，本契約の目的のアウトライン（本契約がシステム・エンジニアリング・サービス（以下「SES」といいます）を受託すること）を明記しています。契約の性質は契約書名で決まるものではなく，あくまで契約内容に応じて決定されるものですが，「支援」という言葉を用いているのは，第I部第3章第3節でも説明したとおり，要件定義工程はユーザが主体となって遂行していくべき作業工程であるということを的確に表現するためです。

2.2　総則

> （総則）
> 第1条　甲は，本件システムに係る●●支援を乙に委託し，乙はこれを受託するものとします。

　甲を発注者（ユーザ），乙を受託者（システムベンダ）として，甲から業務を

委託することを明記しています。

2.3　委託業務の内容

（委託業務の内容）

第2条　乙は，甲が主体で行う次の業務に対する支援（以下「委託業務」という。）を行うものとします（以下，本条各号で定める個別業務を特に指す場合は「各委託業務」という。）。

(1)　業務改革グランドデザインの策定

(2)　IT 活用基本構想書の作成

(3)　要件定義書の作成

(4)　システムアーキテクチャ概要設計書の作成

(5)　システム開発基本計画書の作成

2　前項各号で定める各委託業務において作成される物（以下総称して「提出物」という。）は次のとおりとします。

(1)　前項第1号で定める各委託業務の遂行過程における提出物は，次のとおりとします。

　　①　業務改革グランドデザイン案

　　②　●●●●●●

(2)　前項第2号で定める各委託業務の遂行過程における提出物は，次のとおりとします。

　　①　IT 活用基本構想書案

　　②　●●●●●●

(3)　前項第3号で定める各委託業務の遂行過程における提出物は，次のとおりとします。

　　①　要件定義書案

　　②　●●●●●●

(4)　前項第4号で定める各委託業務の遂行過程における提出物は，次のとおりとします。

　　①　システムアーキテクチャ概要設計書案

　　②　●●●●●●

(5)　前項第5号で定める各委託業務の遂行過程における提出物は，次のとおりとします。

　　①　システム開発基本計画書案

　　②　●●●●●●

> 3　具体的な委託業務の内容及び実施期間は別紙1のとおりとします。

　委託業務の内容を，合意事項として残しておくためにできるだけ具体的に記載します。要件定義工程が準委任に馴染む契約類型であることはすでに説明したとおりですが，準委任の契約における業務内容条項作成のポイントは以下の3点です。

　①　受託する業務および提出物の内容を明確に規定する。

　②　受託する業務の内容および提出物が未確定のまま契約金額を規定することを避ける。

　③　委託業務は発注者甲（ユーザ）主体で実施し，受注者乙（ベンダ）はそれを支援をする立場であることを明確にする。

　①については，業務内容および提出物が不明確であれば，双方で，システムベンダが遂行すべき業務の範囲について異なる理解となる可能性があります。その結果，システムベンダとしては契約上の義務を履行したつもりが，ユーザにしてみれば未だ満足な結果を出すに至っていないということになり，この両者の見解の相違がシステム開発におけるトラブルの基となります。どのような契約類型にも共通することではありますが，システム開発においては，特に，そのような双方の見解の相違を防ぐため，業務内容等を特定しておくことが求められます。委託業務の対象となるシステムや業務の内容について記載される書面について日付およびバージョンを記載し，参照する形式でより具体的に特定する場面も多くあります。

　②については，業務内容や範囲，提出物を決める前に契約金額だけを先に決めるべきではありません。一般に，相当程度の精度の見積ができるのは業務内容および提出物がほぼ固まる段階になってからであるため，契約金額の確定は，精度の高い見積ができてから決めることとしたほうが，双方にとって有意義です。どの契約にも言えることですが，予算ありきで契約を締結することは，システム開発プロジェクトを進めるうえでの妨げになる可能性があるため，避けるべきです。

　③については，一般的にユーザが主体となって行われるべきと考えられる準委任による委託業務においては，システムベンダは請負契約のように仕事の完

成責任を負っているものではありません。そして，ユーザが自ら求めるものを策定する要件定義工程では，システムベンダはユーザの意見を基に適切な提案等を行いますが，ユーザが真に作りたいものの具体化はユーザにしか行うことはできません。また，実際に何を作るかの決定権は当然ながらユーザにあることから，要件定義工程は準委任の業務として捉えられることが一般的です。

　そこで，準委任の業務においてはユーザが主体となって進めていく旨を契約書に明記することで，ユーザとベンダの間で責任の押し付け合いになる事態を避けることが一般的に行われています（第4条参照）。また，準委任業務においては，提出物や成果物などの業務のアウトプットにおいても同様に，ベンダ側が仕事の完成責任を負えるものではないと考えられます。もっとも，準委任の契約であっても，システムベンダは当然ながら善管注意義務を負うと考えられることから（民法656条，644条），請負契約ではないからといって無責任に業務を行うわけではありません。

2.4　役割分担

> （役割分担）
> 第3条　本契約の履行に伴う甲乙双方の役割分担は，別紙2のとおりとし，詳細については別途協議の上定めるものとします。

　前条で解説したとおり，双方の役割分担を契約書に明記しておくことは重要です。役割分担を明確に決定しない場合，双方ともが相手方の役割と考えた結果，未着手のまま放置される作業が発生するリスクがあり，そのリスクが発現するとシステム開発プロジェクト全体の進捗に大きな影響を与える可能性があります。システム開発ではこのような事態が他の契約類型に比べて発現しやすく，このリスクを予防するために，双方の役割分担を明記することが一般的に行われています（別紙2は204頁）。

2.5　実施報告

（実施報告）

第4条　乙は，当月に実施した委託業務の要旨並びにそれに要した時間及び業務従事者
　　等の数の実績を翌月●日までに甲に報告するものとします。

2　甲は，前項の報告を受けた場合，遅滞なくその内容を確認し，その結果を乙に通知
　　するものとします。

3　第1項で定める乙から甲への報告日から●日以内に，甲が乙に対し，書面で合理的
　　かつ具体的な理由を明示して異議を述べない場合には，報告日から●日目をもって，
　　乙は甲から委託業務の実施を確認した旨の通知を受領したものとみなします。

　委託業務の実施を報告し，その対価である契約金額を請求するための手続を
定めています。一定期間における委託業務の実施確認と当該期間の契約金額支
払がセットになっている場合においては，委託業務の実施→実施報告→確認→
請求→支払という一定のサイクルごとに各当事者のとるべき行動を明確に規定
しなければ，システムベンダは契約金額の支払請求をなし得ない一方で，ユー
ザもどの業務に対していつまでにいくら支払えばいいのかわからないといった
不安定な状態に置かれることになるおそれがあり，それらの点を明確にする趣
旨の規定です。

2.6　提出物の提出

（提出物の提出）

第5条　乙は，甲に対し，提出物をそれぞれ別紙1の提出期限までに，提出するものと
　　します。

2　甲は，前項により提出物の提出を受けた場合は，別紙1の提出物の点検期間内に提
　　出物に落丁，乱丁又は誤字脱字（以下総称して「落丁等」という。）がないかを確認
　　し，落丁等の有無（落丁等がある場合にはその具体的内容を含む。）を乙に通知（以下
　　「点検結果通知」という。）するものとします。落丁等のない旨の点検結果通知の受領
　　をもって，提出物の内容は確定したものとし，当該点検結果通知の受領日を提出物確
　　定日とします。落丁等が発見された場合は，乙は，無償にて提出物を修補して甲に提
　　出し，再度甲の内容確認を受けるものとします。

3　提出物の点検期間内に，甲が乙に対し，前項で定める点検結果通知をしない場合に

は，提出物の点検期間の末日をもって提出物確定日とみなします。
4　乙は，本条で定める提出物確定日をもって，本基本契約第22条（著作権）第 2 項の
　　定めに基づき提出物に含まれる乙の著作物に関する非独占的使用権を許諾するものと
　　します。

　委託業務の履行の過程において提出物を提出する場合，請負契約においては
納入物の完成がベンダの義務であるのと異なり，本契約では委託業務の遂行そ
れ自体をベンダの義務としているため，委託業務の途中で，万が一提出物の提
出がないまま，何らかの理由で契約が終了する場合でも，委託業務の履行の割
合に応じた契約金額を請求することが可能であり，提出物の提出と契約金額の
請求は必ずしも関連していません。

　もっとも，提出物の提出をベンダの義務として定めた以上，ベンダが提出物
を提出したことをユーザに確認していただく必要があります。また，点検結果
通知の受領日をもって，提出物の内容が確定することを定め，たとえば数個の
委託業務を一括で委託を受けている場合に，次工程に進む前提条件を確定させ
ることができるようにしています。

2.7　契約金額

（契約金額）
第 6 条　契約金額は，別紙 3 で定める契約金額単金に，当月の委託業務に要した時間及
　　び業務従事者等の数を乗ずることにより算出された額とし，消費税等相当額は別途支
　　払うものとします。
2　業務従事者等の契約金額単金及び委託業務実施人数計画は，別紙 3 のとおりとしま
　　す。

　契約金額について定めた条文です。対価の設定はプロジェクトごとの特性に
よって事情が異なるため，上記の例に限らずさまざまなバリエーションがあり
ますが，ここでは一般的な例を用いて説明を行います。

　システム開発の工程のうち，準委任に該当する契約においては，ユーザ側の
作業をシステムベンダが支援するという性質から，作業内容や計画値は大まか

に定められるものの，実際の稼働とそれに見合う対価を精緻に設定することが難しい場合があります。仮に準委任の契約で，対価を具体的な固定金額で合意すると，作業が想定より早く終わった場合であってもユーザは契約金額の全額を払うことになってしまいます。また，逆にシステムベンダの責めに帰すべからざる事由により想定外に稼働がかかった場合には，システムベンダが契約金額をもってもなお，稼働分を回収できないといった事態が生じる場合もあり，このような場合システムベンダが委託業務を継続することが困難となりプロジェクトが頓挫する可能性も出てきます。

　そこで条文例のように，両者が納得できる対価の設定として，別紙に単金を設定し，システムベンダ側のプロジェクト要員の具体的な稼働分に応じて契約金額を算出，決定する方法が考えられます。これにより，ユーザ，システムベンダの一方が損をするケースを少なくすることができると考えられます。

2.8　請求

（請求）
第7条　乙は，第4条（実施報告）の定めに基づく甲から乙への通知の受領後，契約金額に別途消費税等相当額を加算の上，甲に請求するものとします。

　システムベンダからユーザに，契約金額を請求するタイミングを明確にしています。具体的な請求期限を明記すると，事務手続ミス等により請求遅延が発生した場合に，双方トラブルになる可能性があるため，「通知の受領後」などといった形で柔軟な対応が可能な記載とすることが一般的です。

2.9　責任の範囲

（責任の範囲）
第8条　本契約における乙の責任は，善良なる管理者の注意をもって委託業務を行うことに限られ，乙が善良なる管理者の注意をもって委託業務を行っている限り，委託業務に起因して甲に損害が生じても乙は責任を負わないものとします。
2　乙の善良なる管理者の注意義務違反が判明し，甲が第4条（実施報告）の定めに基

づく最後の報告を受けてから●カ月以内に乙にその旨を書面により通知した場合，乙は，自らの裁量により，提出物に関する落丁等の無償修補をするか又は当該注意義務違反により甲が被った損害を本基本契約第30条（損害賠償）の定めに従い賠償するものとします。

3　本契約の他の定めにかかわらず，乙が本契約の履行に関して甲に対して負う責任は，債務不履行，不当利得，不法行為，製造物責任その他請求原因の如何にかかわらず，本条及び本基本契約第28条（知的財産権侵害の責任）で定めた範囲に限られるものとします。

　この契約は，ユーザ自身が，システムベンダの支援を受けながら主体的に業務を遂行するといったケース（準委任契約）を想定しています。システムベンダ側は，ユーザ主体で行う業務についての仕事の完成責任を負うのでなく，本条に規定されているとおり善管注意義務，すなわち，実際に種々のシステムを構築してきた専門家として当然に期待されるシステム上の課題，対策等を踏まえた提案や業務遂行上の支援が提供できるよう委託業務を履行する義務を負っています。したがって，システムベンダがそのような善管注意義務を尽くさなかった結果として，ユーザの業務遂行結果等に不備が生じた場合について，システムベンダは契約違反としての責任を負うことは民法の考え方からある意味当然といえます。請負契約でないからといって，システムベンダが責任を負わないと考えることは誤りです。

　第2項では，善管注意義務違反があった場合の手続を定めています。不備の程度にもよりますが，長い時間をかけて損害賠償について協議等を行うよりも，提出物の落丁等について無償で修補してシステム開発を進めるほうがプロジェクト推進の観点から望ましい場合もあるため，裁量を認めています。

2.10　契約期間

（契約期間）
第9条　本契約の契約期間は，●年●月●日から●年●月●日までとし，実施期間は別紙1のとおりとします。
2　本契約の終了後においても，第8条（責任の範囲）は有効に存続するものとします。

　契約の有効期間を明確にするために規定する条文になります。なお，ここでいう契約期間については，委託業務を実施する期間（業務実施期間）を意識して規定されることも多いのですが，委託業務が終了した後の確認プロセス，契約金額の請求や支払時期も考慮したものを意識して設定しておかなければ，契約期間外にそのような処理が契約に基づき行われるといった形になってしまうので，ある程度余裕をもった記載とすることが望ましいところです。委託業務の実施期間に期限を設けたい場合には，契約期間内で実施期間を別紙に記載するなどの方法で対応可能です（別紙1を参照）。

別紙１（第２条，第５条，第９条関係）

作業内容

１．作業内容

委託業務の内容詳細：●●●（作業内容の詳細については，プロジェクトの実情に応じて定める。）

２．実施期間：●年●月●日　から　●年●月●日　まで

３．提出物の提出期限：●年●月●日

４．提出物の点検期間：提出の翌日から起算して●日

別紙 2（第 3 条関係）

役割分担表

分類	作業内容		役割分担		
			甲	乙	備考
全般	1	●●●			
		① ●●●	●		
		② ●●●		●	
	2	●●●			
		① ●●●	●		
		② ●●●		●	
	1				
		①			
		②			
	2				
		①			
		②			
	1				
		①			
		②			
	1				
		①			
		②			

別紙３（第６条関係）

1．契約金額単金

　　　1　Ｓクラス　：　金＿＿＿＿＿＿　円/人時

　　　2　Ａクラス　：　金＿＿＿＿＿＿　円/人時

　　　3　Ｂクラス　：　金＿＿＿＿＿＿　円/人時

　　　4　Ｃクラス　：　金＿＿＿＿＿＿　円/人時

　　（注）　単金については，業務・工程・役割等に応じたものとなります。

2．委託業務実施人数計画

	＿＿月	＿＿月	＿＿月	＿＿月
Ｓクラス	＿＿人	＿＿人	＿＿人	＿＿人
Ａクラス	＿＿人	＿＿人	＿＿人	＿＿人
Ｂクラス	＿＿人	＿＿人	＿＿人	＿＿人
Ｃクラス	＿＿人	＿＿人	＿＿人	＿＿人

　　（注）　月毎の委託業務の実施人数及び構成については，乙が委託業務の進捗状況等に応
　　　　じて決定し，業務従事者を選定するものとします。

3　システム開発個別契約（請負）

　以下では，要件定義に続く設計・製造工程等で使用される契約について，紹介していきます。

3.1　頭書

> 　●●●（以下「甲」という。）と●●●（以下「乙」という。）は，甲乙間で締結された●年●月●日付「システム開発委託基本契約書」（以下「本基本契約」という。）に基づき，システム製造，構築及び試験等に関し，次のとおり個別契約（以下「本契約」という。）を締結します。なお，本契約における定義は，本契約において特に定めるものを除き，本基本契約における定義と同一とします。

　頭書では，本契約の当事者と，本契約の目的のアウトライン（本契約がシステム開発を受託すること）を明記しています。

3.2　総則

> （総則）
> 第1条　甲は，●年●月●日付「●●」（バージョン●），●年●月●日付「●●」（バージョン●），●年●月●日付「●●」（バージョン●）（以下総称して「要件定義書等」という）に基づく本件システムの開発（以下「委託業務」という。）を乙に委託し，乙はこれを受託するものとします。

　ユーザ（甲）が発注者，ベンダ（乙）が受注者であることを明記するとともに，相手方との認識ずれを防ぐため，委託業務の対象となるシステムの要件等について記載される書面の日付およびバージョンを記載しています。

3.3　委託業務の内容

> （委託業務の内容）
> 第2条　委託業務の内容は次のとおりとします（以下，本条各号で定める個別業務を特に指す場合は，「各委託業務」という。）。
> ⑴　本件ソフトウェアの製造
> ⑵　本件ソフトウェアの結合テスト
> ⑶　本件システムの基盤構築
> ⑷　本件システムのシステムテスト

　各委託業務の内容を記載します。上記の例では，具体的に製造，結合テスト，基盤構築，システムテストを記載しておりますが，あくまで具体例でありこれに捉われる必要はなく，実際に実施する委託業務内容をプロジェクトに応じて適宜記載します。

　各業務内容を定める際のポイントは以下の2点です。
① 委託する（受託する）業務を明確に規定する。
② 受託する業務の内容が未確定の場合には，契約金額を規定することを避ける。

　①については，ユーザとしては，委託すべき業務が網羅されているかどうかといった観点から確認することが大切であり，システムベンダとしては，できないことは約束できないという観点から実施予定のない業務について記載されていないか確認することが大切です。②についてはシステム開発委託個別契約（準委任）第2条の解説をご参照ください。

3.4　役割分担

> （役割分担）
> 第3条　本契約の履行に伴う甲乙双方の役割分担は，別紙2のとおりとし，詳細については別途協議の上定めるものとします。

　基本契約第4条やシステム開発委託個別契約（準委任）第3条の解説をご参照ください。もっとも，この契約はシステムベンダが主体的に取り組む請負契

約の性質を前提として作成しているため，要件定義工程とは役割が異なってくることが一般的です。

3.5　納入

（納入）
第4条　委託業務における納入物の明細は別紙1のとおりとします。
2　乙は，納入物を別紙1記載の諸条件に従い，納入するものとします。

　システムベンダが納入物を納入する際の条件（納入日，納入方法，納入場所等）や納入物の明細について明記します。納入条件や納入物の詳細については，システムベンダとユーザ側で認識齟齬が生じ，トラブルとなる可能性があるため，詳細について合意することが望ましいです。

　なお，契約書の本紙に記載することも可能ですが，記載すべき内容が多数あるのが通常であるため契約書が読みにくく，体裁的な観点から芳しくないため，あえて別紙に切り出す方法が取られることが一般的です。

3.6　検査及び検収

（検査及び検収）
第5条　甲は，納入物の納入（納入場所に搬入された時点をいう。以下同じ。）を受けた場合は，別紙1記載の検査期間内に，甲乙協議の上あらかじめ定めた検査方法，検査基準により検査を行うものとします。
2　甲の実施責任者は，納入された納入物が検査に合格となった場合には，検査合格書に記名押印の上速やかに乙に交付するものとします。この場合，検査合格書の交付日を検収日とします。
3　甲は，納入された納入物が検査に不合格となった場合には，速やかにその旨及び具体的かつ合理的な理由を書面により乙に通知するものとします。乙は，甲乙協議の上定める期間内に，無償で納入物を修補又は交換し，甲の再検査を受けるものとします。なお，再検査の手続については，第1項を準用するものとします。
4　甲の責に帰すべき事由により検査期間内に検査合格書が交付されない場合又は検査不合格の旨の甲の通知が理由のないもの若しくは不当なものである場合，納入物は検査に合格したものとみなし，検査期間の満了日をもって検収日とします。ただし，検

査期間内に検査合格書が乙に交付されないことに合理的な理由が認められる場合は，当該合理的理由により検査が実施できなかった日数について検査期間を延長するものとします。

5　前各項の定めにかかわらず，甲又は第三者の責に帰すべき事由若しくは本基本契約第27条（不可抗力）又は本基本契約第29条（免責事項）で定める事由によって検査に合格とならない場合であっても，乙は，その責任を負わないものとし，検査期間の満了日をもって検収日とみなします。

6　本基本契約第22条（著作権）第2項の許諾の時点は，本条で定める検収日とします。

　検査・検収のプロセスは，ベンダが契約上の義務（仕事の完成義務）を果たしたかどうかを判定し，検査合格となって初めてベンダは契約金額を請求（報酬請求）することができるようになるため，重要な意義があります。

　検査および検収条項のポイントは以下の2点です。

①　検査の方法，基準，期限について明確に規定する。

②　ユーザ側の責に帰する事由で検査期限までに検査が完了できなかった場合は，検査合格とみなすことを規定する。

　①のように，検査基準等が詳細に決まっていないと，完成間近の段階になって合否をめぐって見解の相違が生じ，紛争を招きかねないため，あらかじめ具体的な検査基準を明確に定めることが重要です。また，②のように，検査が完了できなかった場合の取扱いを定めていないと，いつまでも合否を出さずに時間だけが過ぎてしまい合否判定をめぐって紛争が生じる可能性があるため，明確に定めることが重要です。

　注意すべきは，検査の方法や基準は別に定めることとしていますが，それを忘れたまま，いざ検査の段階となって方法や基準についてユーザとベンダ間で認識に相違が生じ，検査自体がなかなか実施されない，といった事態が生じかねない点です。そのため，検査までにこれらを確実に定めることが重要です。また，契約時点で検査方法，検査基準がすでに明らかになっているようであれば，別紙等に記載することも可能です。

　なお，条文例における「検査」は検査行為そのものを意味し，「検収」は検査に合格した状況を意味するものとして定めています。

3.7　危険負担

> （危険負担）
> 第6条　甲乙いずれの責にも帰すことのできない事由により，納入前に生じた納入物の滅失，毀損その他の損害は乙の負担とし，納入後に生じたこれらの損害は甲の負担とします。

　納入前にいずれの責任でもなく納入物が滅失・毀損した場合，民法上，受注者乙（システムベンダ）には修補義務や別の納入物を納入する義務が生じない一方で，発注者甲（ユーザ）も契約金額の支払を拒むことができます。

　実務上は，受注者（システムベンダ）が損害を負担するという債務者主義，つまり納入物を修補するか代替物を納入しない限り，発注者は契約金額を支払う義務はないと契約で規定するのが一般的であり，本条も同様にしています。

　また，納入後は，納入物は発注者の管理下に移転するため，発注者が損害を負担する債権者主義，つまり納入物が滅失・毀損した場合であっても契約金額を支払う義務が生じると規定するのが一般的です。

3.8　善管注意義務

> （善管注意義務）
> 第7条　甲は，納入物の納入を受けたときから所有権の移転のときまで，納入物を善良なる管理者の注意をもって保管するものとします。

　後述のとおり，第10条を定めることで，相手方が契約金額を支払うまでは納入物はまだ発注者（ユーザ）には所有権が移転していないことになります。そのため，納入物の納入を受けたときから所有権の移転のときまでの取扱いが問題となりうるため，本条において，相手方が，納入物については十分な注意を払って保管する必要があるといったことを規定し確認しています。

3.9　契約金額

> （契約金額）
> 第8条　契約金額は，次のとおりとします。
> 　金●,●●●,●●●円（消費税等相当額を除く。）

　委託業務の対価を明示するとともに，契約金額に消費税が含まれているかどうかでトラブルが生じることを防止するため，消費税等相当額が外税で別途かかることを明確にしています。

　なお，システム開発委託個別契約書（準委任）第6条のような準委任の場合と異なり，一般的に請負の業務では契約金額をベンダの責任において明確に見積もって業務に着手し，固定金額で定めることが多く，稼働実績で契約金額を精算することは少ないため，条文例では固定金額としています。

　ポイントとしては，第2条の解説でも触れていますが，委託業務の内容や，仕様が確定していないのにもかかわらず契約金額を定めることは避けていただく必要がある点です。

3.10　請求

> （請求）
> 第9条　乙は，第5条（検査及び検収）で定める検収日後，契約金額に別途消費税等相当額を加算の上，甲に請求するものとします。

　第5条のように，仮に検査不合格となり検査やり直しとなった場合やみなし合格となった場合の検査期間の満了日も，それぞれ「検収日」と定義し，本条において請求のタイミングを「検収日後」と規定することで，請求タイミングについてシステムベンダ，ユーザ間で認識齟齬が生じることを防ぐための規定です。

3.11　所有権の移転

> （所有権の移転）
> 第10条　納入物の所有権は，契約金額全額（消費税等相当額を含む。）の支払済みのとき
> 　　をもって乙から甲に移転するものとします。

　契約上で，所有権の移転時期を規定していない場合，納入物の引渡しをもって所有権が受注者乙（システムベンダ）から発注者甲（ユーザ）に移転する，という考えが一般的です。

　しかし，その場合，発注者（ユーザ）が契約金額を支払わなかったとしても，納入物の引渡しをもって所有権がすでに発注者（ユーザ）に移転してしまうことになるため，受注者（システムベンダ）としては納入物も契約金額も回収できず，公平ではありません。

　そのような事態の発生を回避するため，所有権の移転時期を契約金額全額（分割払の可能性も考慮して契約金額「全額」と記載しています）の支払のときと規定することにより，契約金額全額を支払わない場合に，納入物を引き揚げることができることとし，両者の公平を図っています。

3.12　保証

> （保証）
> 第11条　甲が，納入物が本契約の内容に適合していないこと（納入物が前提資料等と一致していないことをいい，以下「契約不適合」という。）を発見し，当該納入物の検収日から起算して●カ月以内に乙に具体的な契約不適合の内容を書面で通知した場合は，乙は，自らの裁量により，当該契約不適合を修補するか，代替物を納入するか（以下総称して「修補等」という。）又は本基本契約第30条（損害賠償）の定めに従い当該契約不適合により甲が被った損害を賠償するものとします。
> 　2　前項にかかわらず，契約不適合が軽微であって契約不適合の修補等に過分の費用を要する場合には，乙は前項の修補等の責任を負わないものとします。
> 　3　第1項にかかわらず，契約不適合が甲の提供した本件資料等又は甲の与えた指示によって生じた場合には，乙は第1項の修補等又は損害賠償の責任を負わないものとします。ただし，乙がその資料等又は指示が不適当であることを知りながら告げなかった場合はこの限りではありません。

4　乙が第1項に基づき契約不適合を修補等した場合において，当該契約不適合の原因が乙の責に帰すことのできないものであった場合は，乙は甲に対し，当該契約不適合の修補等に要した費用を請求することができるものとします。

5　本契約の他の定めにかかわらず，乙が納入物に関して，検収後に甲に対して負う責任は，債務不履行，契約不適合責任，不当利得，不法行為，製造物責任その他請求原因の如何にかかわらず，本条及び本基本契約第28条（知的財産権侵害の責任）に定めた範囲に限られるものとします。

　保証条項はシステム開発においてユーザとシステムベンダで利害が最も対立する条項の1つと考えられます。ここでは，保証条項のポイントおよび保証条項を規定する意義について解説します。

　請負契約の受注者（システムベンダ）は，納入物を納入した後も一定限度の責任を負い，これを契約不適合責任（2020年4月以前の民法における「瑕疵担保責任」を指します）といいます。契約に契約不適合責任の条項がない場合，民法または商法の規定によることとなりますが，システム開発に関わる取引において直接に民法または商法の規定が適用されるとなると，システムベンダにとっては非常に不利な条件となってしまいます。具体的には以下のとおりです（民法559条および562条〜565条を参照）。

① 　納入物(納入物がない場合は完了した作業)に不適合がある場合，発注者甲（ユーザ）は追完（修補，代替物の引渡，不足分の引渡）の請求が可能。

② 　①の追完がなされない場合，不適合の程度に応じた代金減額請求が可能。

③ 　①②の他，損害賠償請求や契約解除が可能。

④ 　受注者乙（システムベンダ）が契約不適合責任を負う期間は，不適合を知ったときから1年，引渡しから10年。

　特に，④に関しては，システムベンダにとって以下理由から厳しい条件となります。

• システムベンダの保有する開発環境は技術変化に伴い変化してゆくものであるため，開発期間と同様の環境を維持し続けることが難しいことが想定

され，不具合の検証や契約不適合責任に基づく追完が事実上実施できない
場合がある。

- IT業界全体でも特殊なノウハウや技術を有する技術者は限られており，すべての案件に対し長期に技術者を確保することは現実的に難しい状況になってきている。

- 長年，機能追加の開発受発注が繰り返されたようなプロジェクトでは，異なる契約において機能追加，機能変更等を行っているため，システムのどの部分が，どのシステムベンダのどの契約に基づき提供されたものであり，何の契約に基づく契約不適合の対象となるのか，実務上の線引きが困難なケースがある。

- 仮に上記の点を甘受したとしても，人員確保が難しく労働の長期化のしやすさが問題視されがちなIT業界において，従業員個々に無理をさせられる事業環境ではなくなってきている。

- システムベンダだけの問題でなく，システム開発は，多数の会社が各社の技術力を結集して一丸となって行うものであり，プライムのシステムベンダが重い条件で契約すると，そのシステムベンダの委託先にも多くの負担を課すこととなり，委託先が耐えきれずに体制の崩壊，ひいてはプロジェクト自体の瓦解につながる可能性がある。

　システムベンダとしては，これらが契約条件に含まれているとすると，そのリスクを加味し，より高い金額での契約をユーザ側に迫っていくことで，リスクに見合うコスト回収を図っていかざるを得ません。これはユーザの立場からは，起こるかどうかわからない事態に膨大なコストを費やすということにつながってしまうと思われます。

　そこで，システムの契約不適合責任に関しては，一定の責任に制限し，ユーザとシステムベンダ間の公平を確保し，両者の利益を最大化することが望ましいものと考えられます。そこで，契約不適合責任・保証条項の制限方法としては，以下のような規定が考えられ，本条の条文例はこのような考えに従って規定しています。

<条文例＞

> ・システムベンダに帰責事由がある不適合（不具合）にのみ責任を負うこと。
> ・責任の内容は，不適合の修補，代替物の納入，又は損害賠償とし，ベンダ側が選択できるものとする。また，契約不適合が軽微であって契約不適合の修補に過分の費用を要する場合には，修補責任を負わないものとする。
> ・契約不適合責任を負う期間を一定期間に限定する（ベンダの再委託先の負う保証期間の終期も超えないようにする。）。

3.13 契約期間

（契約期間）
第12条 本契約の契約期間は，●年●月●日から●年●月●日までとします。
2 本契約の終了後においても，第11条（保証）は有効に存続するものとします。

　本契約においては，一定期間にわたり委託業務が実施されることになるため，その有効期間を明確にしておく必要があります。システム開発個別契約（準委任）第9条でも説明したように，委託業務が終了後の契約金額の請求や支払時期も考慮したうえで，設定する必要があります。なお，ここでいう「有効期間」とは，あくまでも契約書が効力を有する期間を指すのであり，委託業務を実施する期間（業務実施期間）や納期とは異なります。

別紙1（第4条，第5条関係）

納入物明細表

1．納期：●年●月●日

2．検査期間：納入の翌日から起算して●日

3．納入場所：●●●

4．納入物の明細等

納入物の名称	数　　量

別紙2（第3条関係）

役割分担表

分類		作業内容	役割分担		
			甲	乙	備考
全般	1	●●●	/	/	
	①	●●●		●	
	②	●●●	●		
	2	●●●	/	/	
	①	●●●		●	
	②	●●●	●		
	1		/	/	
	①				
	②				
	2		/	/	
	①				
	②				
	1		/	/	
	①				
	②				
	1		/	/	
	①				
	②				

4　システム運用・保守契約

　以下では，第I部第4章でご説明した運用・保守に関する契約を解説します。本書で取り上げるシステム運用・保守契約は，あくまで一例であり，実際に行う運用・保守業務は多岐にわたりますので実情に合わせて適宜修正する必要があります。

4.1　頭書

> 　●●●（以下「甲」という。）と●●●（以下「乙」という。）は，第1条（総則）で定める業務の委託に関し，次のとおり契約（以下「本契約」という。）を締結します。

　頭書では，本契約の当事者と，本契約の目的のアウトライン（本契約がシステムの運用・保守を受託すること）を明記しています。

4.2　総則

第1章　総則

（総則）
第1条　甲は，次に掲げる業務のうち，□にレ点にて示された業務（以下「委託業務」という。）を乙に委託し，乙はこれを受託するものとします。

	業務	適用条件	仕様
□	●●●システムの運用（以下「本件運用業務」という。）	第1章（総則），第2章（本件運用業務），第6章（契約金額）及び第7章（一般条項）	別紙1のとおり

| □ | 別紙2記載の情報機器（以下「本件機器」といい，本件ソフトウェアを除く本件機器に搭載されているソフトウェアを含む。）の保守 | 第1章（総則），第3章（本件機器の保守），第5章（保守共通事項），第6章（契約金額）及び第7章（一般条項） | 別紙2のとおり |
| □ | 別紙3記載のソフトウェア（以下「本件ソフトウェア」という。）の保守 | 第1章（総則），第4章（本件ソフトウェアの保守），第5章（保守共通事項），第6章（契約金額）及び第7章（一般条項） | 別紙3のとおり |

2　乙は，適用条件及び仕様に従い委託業務を履行するものとします。

　業務内容が不明確であれば，両者間で，システムベンダが達成すべき業務の範囲について認識齟齬が生じ，両者でトラブルにつながる可能性があるため，通常の契約と同様，業務内容を明確にする必要があります。

4.3　役割分担

（役割分担）
第2条　甲及び乙は，本契約の円滑かつ適切な履行のためには，各自の分担作業が必要とされることを認識し，各自の分担作業を誠実に実施するとともに，相手方の分担作業の実施に対して誠意をもって協力するものとします。
2　本契約の履行に伴う甲乙双方の役割分担は，別紙4のとおりとし，詳細については別途協議の上定めるものとします。
3　甲及び乙は，各自の実施すべき分担作業を遅延し又は実施しない場合，係る遅延又は不実施について相手方に対して責任を負うものとします。

　運用・保守業務では，システムベンダがユーザのシステムを扱いますので，ユーザが行うべき作業（たとえば，システムベンダがユーザの環境に入るにあたってユーザの社内手続が必要である等）が発生することもありますが，明確に記していない場合，両者の認識齟齬が生じやすく，把握していない役割のために作業が滞ることもあり得ます。そういった事態を事前に防止するために，両者の役割分担を契約上で定める必要があります。詳細については，システム

開発基本契約第4条（役割分担）の解説をご参照ください。

4.4　適切な体制の確保

（適切な体制の確保）
第3条　甲及び乙は，本契約の円滑かつ適切な履行のために適切な体制を確保し，当該体制を書面又は電磁的方法（電子メールを含むが，これに限らない。以下本契約において同じ。）により相手方に通知するものとします。なお，当該体制を変更する場合も同様とします。

システム開発基本契約第6条（適切な体制の確保）の解説をご参照ください。

4.5　実施責任者

（実施責任者）
第4条　甲及び乙は，本契約締結後速やかに，本契約における各自の実施責任者をそれぞれ選任し，互いに書面又は電磁的方法により，相手方に通知するものとします。なお，実施責任者を変更する場合も同様とします。前条で定める体制の通知に，当該責任者を記載することをもって，本条の通知に代えることができるものとします。

2　次の各号で定める事項は，甲の実施責任者のみが，権限及び責任を有するものとします。
　⑴　第6条（資料等）所定の本件資料等の提供等を行う権限及び責任
　⑵　第11条（本件運用業務の実施報告）及び第18条（保守の実施報告）所定の実施報告の内容の確認の通知を行う権限及び責任
　⑶　第27条（機密保持）所定の機密情報の授受を行う権限及び責任
　⑷　その他本契約の履行に必要な権限及び責任

3　次の各号で定める事項は，乙の実施責任者のみが，権限及び責任を有するものとします。
　⑴　第6条（資料等）所定の本件資料等の提供の請求及び返還等を行う権限及び責任
　⑵　第11条（本件運用業務の実施報告）及び第18条（保守の実施報告）所定の実施報告を行う権限及び責任
　⑶　第27条（機密保持）所定の機密情報の授受を行う権限及び責任
　⑷　その他本契約の履行に必要な権限及び責任

4　甲及び乙は，本契約の履行に関する相手方からの要請，指示等の受理及び相手方へ

　の依頼又は報告その他相手方との連絡，確認等については，実施責任者を通じて行う
　ものとします。

　　システム開発基本契約第7条（実施責任者）の解説をご参照ください。

4.6 業務従事者

（業務従事者）
第5条　本契約の履行に従事する乙の従業員（以下「業務従事者」という。）の選定，配
　　置及び変更，作業スケジュールの作成及び調整並びに技術指導については，乙が行う
　　ものとします。
2　乙は，労働法規その他関係法令に基づき，業務従事者に対する雇用主としての一切
　　の義務を負うものとし，業務従事者に対する委託業務に関する指示，労務管理，安全
　　衛生管理等に関する一切の指揮命令を行うものとします。
3　乙は，本契約の履行に際し，業務従事者が甲の事務所等に立ち入る場合には，防犯，
　　秩序維持に関して甲が事前に乙に提示した諸規則を合理的な範囲で当該業務従事者に
　　遵守させるものとします。

　　システム開発基本契約第8条（業務従事者）の解説をご参照ください。

4.7 資料等

（資料等）
第6条　甲は，乙から本契約の履行上必要となる情報，資料等（以下「本件資料等」と
　　いう。）の提供の請求があった場合には，甲乙協議の上，適時に，無償で，本件資料等
　　を，書面又は電磁的方法により乙に提供するものとします。
2　乙は，甲から提供された本件資料等を善良なる管理者の注意をもって管理及び保管
　　し，かつ本契約の履行以外の目的に使用しないものとします。
3　乙は，甲から提供された本件資料等を，本契約の履行上必要な範囲内で複製又は改
　　変することができるものとします。
4　乙は，甲から提供を受けた本件資料等（前項の定めによる複製物及び改変物を含む。）
　　が本契約の履行にあたり不要となった場合又は甲からの要請があった場合には遅滞な
　　くこれらを甲に返還又は乙が適切と判断する方法による破棄又は消去の処置を行うも
　　のとします。

> 5　甲が第1項の定めに基づき乙に提供する本件資料等の内容等の誤り又は提供遅延によって生じた乙による本契約の履行遅滞又は履行不能等の結果については，乙はその責を免れるものとします。
> 6　甲及び乙は，本件資料等の提供及び返還等について，それぞれ実施責任者間で行うものとします。

システム開発基本契約第10条（資料等）の解説をご参照ください。

4.8　作業環境

> （作業環境）
> 第7条　甲は，乙からの要請に応じて本契約の履行上必要となる，作業場所，機器，設備，回線，資材，その他の作業環境（本契約の履行にあたり必要となる電力等も含む。以下総称して「本件作業環境等」という。）を，乙に無償で提供し，適切に維持するものとします。
> 2　本件作業環境等の詳細（甲の事務所等の作業場所に関するレイアウト，座席表及び座席区分を含む。）については，甲乙別途協議の上定めるものとします。
> 3　甲が第1項の定めに基づき乙に提供する本件作業環境等に関して，前項に基づく協議内容との不一致又は甲の提供遅延によって生じた乙による本契約の履行遅滞又は履行不能等の結果については，乙はその責任を負わないものとします。

システム開発基本契約第11条（作業環境）の解説をご参照ください。

4.9　委託業務の実施時間帯

> （委託業務の実施時間帯）
> 第8条　乙が委託業務を行う時間帯（以下「業務時間帯」という。）は，次のとおりとします。ただし，「国民の祝日に関する法律（昭和二十三年法律第百七十八号）」で定める休日及び12月29日から1月3日までは除くものとします。
> 　月曜日～金曜日　　8：30～17：00

　ユーザとして想定していた曜日・時間にシステムベンダが対応してくれなかったと，システムベンダとして予想外のタイミングでユーザから保守を求め

られたといった両者の認識齟齬が生じる事態を防ぐため，業務を実施する時間帯を明確にしています。たとえば，ユーザが製造業を営んでいるとすると，工場の稼働日をもとに営業日を設定していることが多く，祝日であっても対応する場合があることも多いと考えられます。そのような視点から，双方認識をあわせた上で委託業務の実施時間帯を設定することが求められます。

4.10 甲の義務

（甲の義務）

第9条　甲は，本件機器及び本件ソフトウェアの搭載装置（以下「本件搭載装置」という。）の設置場所の環境を乙所定の条件に設定しこれを維持するとともに，乙所定の方法に従って本件機器及び本件ソフトウェアを使用するものとします。

2　甲は，定期的に，甲の責任と費用において，本件ソフトウェア，本件機器に搭載し使用されているソフトウェア，ファイル，データ等のバックアップを行い，保管するものとします。

当初想定していなかった状態で機器やソフトウェアが使用されているとシステムベンダが適切に委託業務を遂行できない場合があるため，委託業務履行の前提となる条件を明確にする必要があります。

また，運用・保守期間中にユーザのビジネスにとって重要なデータ等が消失してしまうこともありえるため，万が一の場合においても原状回復できるよう，ユーザにおいても定期的にバックアップを行うべきでしょう。バックアップをユーザとシステムベンダのどちらが行うべきかという点については，運用・保守業務の中にバックアップ作業を含める場合ももちろんありますが，一般的にはシステムベンダはユーザシステムの全体像の把握や保守業務に伴う影響範囲を見極めることが難しいことが多く，また機密性の高い情報に対しシステムベンダがアクセスしてしまうことはユーザとしても望ましくないことから，システムベンダよりユーザがバックアップを行うほうが，より望ましいと考えられます。

4.11　本件運用業務の内容

第2章　本件運用業務

（本件運用業務の内容）
第10条　乙は，本件運用業務として，業務時間帯に，別紙1記載の作業を行うものとします。

本条の規定趣旨については，第1条（総則）をご参照ください。

4.12　本件運用業務の実施報告

（本件運用業務の実施報告）
第11条　乙は，当月に実施した本件運用業務の要旨を翌月●日までに甲に報告するものとします。

2　甲は，前項の報告を受けた場合は，遅滞なくその内容を確認し，その結果を乙に通知するものとします。

3　第1項で定める乙から甲への報告日から●日以内に，甲が乙に対し，書面で合理的かつ具体的な理由を明示して異議を述べない場合には，報告日から●日目をもって，乙は甲から本件運用業務の実施を確認した旨の通知を受領したものとみなします。

システム開発委託個別契約書（準委任）第4条（実施報告）の解説をご参照ください。

4.13　本件機器の保守内容

第3章　本件機器の保守

（本件機器の保守内容）
第12条　乙は，本件機器の保守として，業務時間帯に，別紙2記載の作業を行うものとします。

2　本件機器の製造元に帰すべき事由（当該製造元において当該機器若しくはその部品の製造を中止すること又は当該機器に係る保守を中止することを含むがこれらに限らない。）により委託業務の内容を変更する必要が生じた場合は，乙は事前に甲に通知することにより，委託業務の内容の変更又は委託業務の中止を行うことができるものと

します。

　本条の規定趣旨については，第1条（総則）をご参照ください。なお，本件機器の保守については，固定額の契約金額の範囲で実施する通常保守に該当する業務と別に，個別に契約金額が発生する特別対応（特別保守）を行う場合は，契約金額の換算方法が異なることから，書き分けて規定する必要があります。

　第2項では，機器・ソフトウェアベンダ，オープンソースソフトウェアの自主団体であるコミュニティがサポート（パッチの提供や部品の製造中止などを含む。）を中止したり，倒産・閉鎖したりする場合のシステムベンダによる委託業務の中止について定めています。当該事象は，システムベンダではコントロールできないうえ，突然発生する事象ですが，実際にシステムを使用しているユーザへの影響を最小限に食い止め，ユーザで今後の対応方針を早い段階から検討できるようにするため，システムベンダの当該事象に関するユーザへの通知義務を設けています。

4.14　本件機器の保守方法

（本件機器の保守方法）
第13条　乙は，甲から本件機器の保守を必要とする旨の通知があった場合は，速やかに乙の指定する業務従事者を派遣して保守を行うものとします。
　2　前項にかかわらず，乙は，業務従事者を派遣して適宜本件機器に関する予防保全に必要な保守を行うものとします。

　保守方法が不明確なことにより，ユーザからシステムベンダが当初想定していなかった方法で対応するよう求められたり，システムベンダがユーザ想定とは異なる方法で保守をしていたり，という両者の認識齟齬を防ぐため，保守方法を明確にする必要があります。たとえば，システムベンダとしては，障害発生時の駆けつけ保守を想定していたにもかかわらず，ユーザが業務従事者の常駐を想定していたといった場合等が考えられます。双方認識をあわせた上で，適切な保守方法を規定することが求められます。

4.15　オーバーホール

> （オーバーホール）
> 第14条　乙は，本件機器が老朽化し，正常な運転の維持に支障があると判断した場合は，本件機器のオーバーホールの実施を甲に要求することができるものとします。
> 2　甲は，乙のオーバーホールの要求に応じ，速やかに乙に委託して本件機器のオーバーホールを実施するものとします。

　保守対象の機器が老朽化すると，機器の正常稼働が維持できなくなる場合があります。このため，オーバーホール作業を実施したほうが望ましい場合があり，その判断については，知見のあるシステムベンダのほうが適切に対応できるため，システムベンダの裁量によるものとしています。

4.16　本件ソフトウェアの保守内容

> 第4章　本件ソフトウェアの保守
> （本件ソフトウェアの保守内容）
> 第15条　乙は，甲に対し，本件ソフトウェアの保守として，業務時間帯に，別紙3記載の作業を行うものとします。
> 2　本件ソフトウェアの保守には，次の各号の作業は含まれないものとします。
> 　(1)　甲の要求による本件ソフトウェアの改変又は機能追加
> 　(2)　乙又は乙の指定する者以外の者による本件ソフトウェアの修補，改変，機能追加その他これらに関連する作業を行ったことにより生じた障害の修補
> 　(3)　他のソフトウェア（乙により修補，改変又は機能追加された部分は除く。）又は本件搭載装置の不具合，故障等を原因として生じた障害の修補
> 　(4)　甲の責に帰すべき事由により生じた障害の修補
> 　(5)　天災地変その他甲乙いずれの責にも帰すことができない事由により生じた障害の修補
> 3　前項にかかわらず，乙は，前項各号の作業の実施が可能であると判断した場合は，甲の費用負担により前項各号の作業を行うものとします。
> 4　本件ソフトウェアの製造元に帰すべき事由（当該製造元において当該ソフトウェアに係る保守を中止することを含むがこれらに限らない。）又は，保守対象にオープンソースソフトウェアが含まれる場合であって当該オープンソースソフトウェアについて開発及び保守を行う自主団体であるコミュニティが当該オープンソースソフトウェ

> アのサポートを終了させる，若しくは当該コミュニティが閉鎖する等，当該オープン
> ソースソフトウェアの保守を継続しえない事由により委託業務の内容を変更する必要
> が生じた場合は，乙は事前に甲に通知することにより，委託業務の内容の変更又は委
> 託業務の中止を行うことができるものとします。

　本件保守契約において，システムベンダが負う保守の内容を設定するもので
す。第2項で保守の内容に含まれないものを列挙し，保守内容に含まれていな
い保守業務について認識齟齬が生じることを防止する趣旨の規定です。また，
第4項で製造元に帰すべき事由による場合等について，システムベンダがどこ
までのことを行う義務があるかを明確にしています。

4.17　本件ソフトウェアの保守方法

> （本件ソフトウェアの保守方法）
> 第16条　乙は，甲から本件ソフトウェアの保守を必要とする旨の通知があった場合は，
> 　　速やかに乙の指定する業務従事者を派遣して本件ソフトウェアの保守を行うものとし
> 　　ます。

　保守方法が不明確なことにより，ユーザからシステムベンダが当初想定して
いなかった方法で対応するよう求められたり，システムベンダがユーザ想定と
は異なる方法での保守をしていたり，という両者の認識齟齬を防ぐため，保守
方法を明確にする必要があります。たとえば，システムベンダとしては，障害
発生時の駆けつけ保守を想定していたにもかかわらず，ユーザとしては業務従
事者の常駐を想定していた場合等の認識齟齬が生じることもあります。相手方
と認識をあわせた上で適切な保守方法を規定することが求められます。

4.18　通知義務

> 第5章　保守共通事項
> （通知義務）
> 第17条　甲は，次の各号の一に該当する場合は，事前に乙に通知するものとします。
> 　（1）本件ソフトウェアの改変又は追加を行う場合

⑵　本件機器又は本件搭載装置の変更，移転，改造又は他の機器の追加接続及びこれに関連する作業を行う場合

　第17条から第19条までは，ソフトウェア保守および機器保守に共通する規定です。本件ソフトウェアの機能追加・改変，本件機器または本件搭載装置の改造・変更等が発生すると，現行の保守方法・手順の変更が必要になるなどシステムベンダの保守業務に大きな影響を及ぼす可能性があります。システムベンダが事前にかかる変更等を把握し，影響を見極め，適切な運用・保守ができるようにユーザには，事前通知義務を課しています。

4.19　保守の実施報告

（保守の実施報告）
第18条　乙は，本件機器又は本件ソフトウェアの保守を行った場合，その内容について甲に報告するものとします。
2　甲は，前項の報告を受けた場合，遅滞なくその内容を確認し，その結果を乙に通知するものとします。
3　第1項で定める乙から甲への報告日から●日以内に，甲が乙に対し，書面で合理的かつ具体的な理由を明示して異議を述べない場合には，報告日から●日目をもって，乙は甲から業務を確認した旨の通知を受領したものとみなします。

　保守の実施報告についてシステムベンダ側に義務付ける規定です。ユーザは，本条により，システムベンダが契約上の義務を果たしたかどうかを判定します。また，ユーザが一定期限内に業務実施確認を行う旨も定めていますが，期限内の確認を怠った場合はユーザの確認が完了したものとみなすことも合わせて規定しています。

4.20　データ等の保護に関する責任

（データ等の保護に関する責任）
第19条　乙は，本件機器又は本件ソフトウェアの保守を行うにあたり，甲のソフトウェア，ファイル，データ等の保護については一切責任を負わないものとします。

　システムベンダが委託業務の履行にあたりデータ等の保護に注力をしていますが、その一方で保守業務を履行している中で、サーバーアタックやウイルス等の外部攻撃により、ユーザのデータを消失してしまうおそれもあります。そして、残念ながら、ケースによっては、当該消失データが復元できない可能性もありますが、そのような場合にシステムベンダが責任を負わないことを明確にしています。そういった事態に備えるために、ユーザ自身にもバックアップ等を取っていただく等の基本的な事項を実施してもらうため、第9条第2項も規定しています。

4.21　契約金額

> ### 第6章　契約金額
>
> （契約金額）
> 第20条　委託業務の対価（以下「契約金額」という。）は、次のとおりとします。
> ⑴　通常委託料
> 　ア　本件運用業務の対価、第12条（本件機器の保守内容）第1項で定める本件機器の保守のうち通常保守の対価及び第15条（本件ソフトウェアの保守内容）第1項で定める本件ソフトウェアの保守の対価（以下総称して「通常委託料」という。）は、金●●●,●●●円（「消費税法（昭和六十三年法律第百八号）」及び同法に関する法令に基づき課税される消費税の額、並びに「地方税法（昭和二十五年法律第二百二十六号）」及び同法に関する法令に基づき課税される地方消費税の額（以下総称して「消費税等相当額」という。）を除く。）（月額）とします。
> 　イ　通常委託料は、第38条（契約期間）で定める実施期間中暦月毎に計算するものとします。
> 　ウ　実施期間の開始日又は終了日が月の途中である場合、その月の通常委託料は次式により算出された額とします。
> 　　　通常委託料（月額）×その月の契約日数／暦日数
> 　エ　通常委託料は、別紙1、別紙2及び別紙3で定める工数、時間及び単価等を前提として算出されたものであり、当該前提が変更される場合は、通常委託料の変更につき甲乙協議するものとします。
> ⑵　特別委託料
> 　　第12条（本件機器の保守内容）第1項で定める本件機器の保守のうち特別保守の対価（以下「特別委託料」という。）は、別途乙が通知した金額とします。
> ⑶　割増料

> 　ア　乙が業務時間帯以外に委託業務を行った場合は，通常委託料及び特別委託料に
> 　　　割増料を加算するものとします。
> 　イ　割増料は，別紙1，別紙2及び別紙3で定める単金に，当該業務に要した時間
> 　　　及び業務従事者等の数を乗ずることにより算出された額とします。
> 2　本契約を履行する上で必要となる部品のうち，別紙2で定める有償交換部品につい
> 　ては，契約金額とは別に甲がその実費（以下「部品費」という。）を負担するものとし
> 　ます。

　委託業務ごと（通常委託料，特別委託料，割増料，部品費）の対価を明示するとともに，消費税等相当額が外税で別途かかることを明確にしています（税率変更があった際の扱いを明確にするため）。

　なお，特別委託料は，保守内容によって大きく異なるものであるため，通常委託料のように単金×時間×人数で算出せず，システムベンダが別途通知した金額としております。

4.22　請求

> （請求）
> 第21条　乙は，当月分の契約金額及び部品費に別途消費税等相当額を加算の上，甲に請
> 　求するものとします。

　システム開発基本契約第17条（請求）の解説をご参照ください。

4.23　支払

> （支払）
> 第22条　甲は，乙所定の請求書記載の期限（以下「支払期限」という。）までに，乙指定
> 　の銀行口座に振り込む方法により当月分の契約金額，部品費及びそれらの消費税等相
> 　当額を乙に支払うものとします。なお，振込手数料は甲の負担とします。

　システム開発基本契約第18条（支払）の解説をご参照ください。

4.24　支払遅延損害金

（支払遅延損害金）

第23条　甲が支払期限までに契約金額，部品費及びそれらの消費税等相当額を支払わない場合，乙は，甲に対し，支払期限の翌日より支払済みまで，契約金額，部品費及びそれらの消費税等相当額に対し年利14.6％（1年を365日とする日割り計算とする。）を乗じて計算した金額を支払遅延損害金として請求することができるものとします。

　民法第419条により，遅延損害金は，法定利率と異なる約定利率を定めることは制限されていないため，支払遅延損害金を定めています。

4.25　相当報酬

（相当報酬）

第24条　乙は，本契約の履行上やむを得ない事由が生じ，乙が合理的に必要と判断した場合，委託業務以外の業務又は臨時の業務をすることができるものとします。なお，乙は，当該業務をしたことによって，本契約上の義務を何ら加重されるものではありません。

2　乙が前項で定める業務をした場合，甲は乙に対して，別途甲乙協議の上決定した報酬を支払うものとします。甲と乙で協議が調わない場合，乙は当該業務に相当する報酬及び消費税等相当額を甲に請求することができるものとします。

3　前項の報酬の支払は，乙指定の銀行口座に振り込む方法によるものとします。なお，振込手数料は甲の負担とします。

　委託業務の内容によっては，システムベンダが履行しなければならない範囲外の作業であるものの，非常に緊急性の高い事象が生じてユーザの許可を取る間もなく緊急で対応しなければならないようなケースが生じえます。

　そのような場合に，システムベンダとして，当該緊急対応に相当する報酬（相当報酬）を請求できることを目的とした規定です。法令上も，商法第512条で「商人がその営業の範囲内において他人のために行為をしたときは，相当な報酬を請求することができる」と，本条の趣旨と類似した規定が存在しています。

　第3項では支払に関して規定しています。第22条（支払）においても支払に

関して規定されていますが，同条はあくまでも「契約金額」の支払に関する規定であり，相当報酬の支払についても適用されるか不明瞭であるため，改めて規定しているものです。システム開発基本契約第20条もご参照ください。

4.26　端数整理

（端数整理）
第25条　本契約に基づく計算結果に１円未満の端数が生じた場合，当該端数は切り捨てるものとします。

システム開発基本契約第21条（端数整理）の解説をご参照ください。

4.27　第三者ソフトウェア

第７章　一般条項

（第三者ソフトウェア）
第26条　甲は，第三者が権利を有するソフトウェア（ソフトウェアのソースコードが一般に公開され，商用及び非商用の目的を問わずソースコードの利用，修正及び再頒布が可能なソフトウェア（以下「オープンソースソフトウェア」という。）を含み，以下総称して「第三者ソフトウェア」という。）については，当該第三者ソフトウェアの使用許諾条件に従って使用するものとします。第三者ソフトウェアのうち，乙がライセンサーからライセンスを受けたソフトウェアであって，当該ライセンサーから乙が再使用許諾権を得て，甲に使用許諾するソフトウェア（以下「再使用許諾ソフトウェア」という。）が含まれる場合の使用許諾契約については，別紙●〜●の各使用許諾契約のとおりとします。ただし，オープンソースソフトウェア及び再使用許諾ソフトウェアの使用許諾契約と本契約の内容に齟齬のある場合は，当該使用許諾契約を優先して適用するものとします。

2　第三者ソフトウェアのうち，ライセンサーが直接甲にライセンスするソフトウェア（以下「直接許諾ソフトウェア」という。）の使用許諾契約に関する紛争については，当該ライセンサーと甲との間で解決し，乙は一切責任を負わないものとします。

3　乙は，第三者ソフトウェアのうちオープンソースソフトウェア及び直接許諾ソフトウェアの不具合又は権利侵害，並びに，納入物以外のソフトウェア等に起因するシステムの不具合又は権利侵害については，不具合又は権利侵害の存在を知りながら告げなかった場合を除き，他の条項の定めにかかわらず一切の責任を負わないものとしま

す。

　第三者ソフトウェアを使用する場合，ユーザには当該ソフトウェアの使用許
諾条件に従って使用していただく必要があるため，確認的に設けている条文で
す。第三者ソフトウェアの定義は，米国国防総省の定義を和訳したものを用い
ています。詳細はシステム開発基本契約第24条（第三者ソフトウェア）の解説
をご確認ください。なお，運用・保守の対象に第三者ソフトウェアが含まれな
い場合は，本条は不要な規定となります。

4.28　機密保持

（機密保持）
第27条　甲及び乙は，本契約の履行に関して相手方から書面，電磁的記録媒体その他の
　　有形な媒体により開示又は電磁的方法により開示された技術上，営業その他業務上の
　　情報であって，相手方が当該情報に直接機密である旨表示したもの（以下「機密情報」
　　という。）について，善良なる管理者の注意をもってその機密を保持するものとし，第
　　４項で定める者に開示する場合を除き，機密情報を第三者に開示してはならないもの
　　とします。（以下，本条において機密情報を開示する当事者を「開示者」といい，開示
　　される当事者を「被開示者」という。）
２　前項にかかわらず，次の各号の一に該当する情報は機密情報に含まれないものとし
　　ます。
　⑴　開示時点ですでに公知のもの又は開示後に被開示者の責に帰すことのできない事
　　　由により公知となったもの
　⑵　開示時点で被開示者がすでに保有しているもの
　⑶　開示後に被開示者が守秘義務を負うことなく第三者から正当に入手したもの
　⑷　開示後に被開示者が機密情報によらずに独自に開発し又は知り得たもの
　⑸　オープンソースソフトウェアの著作権者より開示を義務付けられているもの
３　被開示者は，開示者から開示された機密情報について，本契約の目的の範囲内での
　　み使用するものとし，本契約の履行にあたり必要となる場合を除き，複製，改変が必
　　要な場合は，事前に開示者から書面又は電磁的方法による承諾を受けるものとします。
４　被開示者は，本契約の履行に必要な範囲において，自己及び直接又は間接の親会社
　　の役員，従業員に対して機密情報を開示できるとともに，本契約と同等以上の守秘義
　　務を課した再委託先（第34条（再委託）で定義される。）その他の第三者及び弁護士，
　　税理士，公認会計士その他法令に基づき守秘義務を負う者に対して，開示できるもの

としますが，ただし，被開示者は，第三者に開示した機密情報の機密保持について，開示者に対して本契約上の責任を負うものとします。

5　第1項にかかわらず，被開示者は，法令，通達，ガイドライン等（以下総称して「法令等」という。）に基づき，開示を要求される場合には，要求される範囲に限り機密情報を開示することができるものとします。ただし，当該開示を行うにあたっては，必要最小限の範囲での開示となるよう合理的な努力を行うものとし，事前に（緊急止むを得ない場合には，事後速やかに）開示者に対して当該開示について通知するものとします。

6　本契約が終了した場合又は開示者から要請があった場合，被開示者は，開示者から開示された機密情報を開示者の要請に応じて甲乙協議の上定めた方法に従い破棄又は消去した上で，開示者の要請がある場合，当該破棄日又は消去日から起算して30日以内に甲乙協議の上定める確認書を提出するものとします。

システム開発基本契約第25条（機密保持）の解説をご参照ください。

4.29　個人情報保護

（個人情報保護）

第28条　本契約において甲及び乙が相手方に個人情報の提供を行う場合，本条の定めに従うものとします。なお，個人情報とは，「個人情報の保護に関する法律（平成十五年法律第五十七号）」（以下「法」という。）第2条第1項で定める個人情報をいいます。

2　甲及び乙は，相手方に対し提供する情報に個人情報が含まれる場合は，個人情報を提供する正当な権利を有することを保証するとともに，あらかじめ書面にて当該個人情報を特定し，明示しなければならないものとします。甲及び乙が本項に違反した場合，その相手方は当該情報について本条に基づく義務を負わないものとします。

3　甲及び乙は，個人情報の取扱いについて，次の各号で定める義務を負うものとします。

⑴　個人情報を本契約の履行以外の目的のために利用（以下「目的外利用」という。）しないこと

⑵　個人情報を第三者に提供しないこと（ただし，第7項又は第8項に該当する場合には，第三者に個人情報を提供することができるものとする。）

⑶　個人情報の目的外利用，漏洩，紛失，改ざん等（以下「漏洩等」という。）の防止その他個人情報の適切な管理のために必要な措置（以下「安全管理措置」という。）を講じること

⑷　自己の責任において，本契約により個人情報を取り扱う自己の従業者（雇用関係

にある従業員のみならず，取締役，執行役，監査役，派遣社員等を含む。以下「従業者」という。）に本条の義務を遵守させること

4　甲及び乙は，個人情報の取扱いを円滑に推進するために，それぞれ個人情報保護担当者を定め相手方に書面又は電磁的方法により通知（これを変更した場合も同様とする。）し，相手方からの要請，指示等の受理，相手方への依頼又は報告その他相手方との連絡，確認等については，原則として個人情報保護担当者を通じて行うものとします。なお，個人情報保護担当者は，自己の従業者への指示管理を行うものとします。

5　個人情報保護担当者と実施責任者はこれを兼ねることができるものとし，特に通知がない場合はこれを兼ねるものとします。

6　甲及び乙は，相手方に対し，個人情報の取扱いにつき第3項の義務の履行状況を，個人情報の利用期間中6カ月に一度の頻度（ただし，本契約の契約期間が6カ月に満たない場合には，本契約の契約期間満了時とする。）にて報告し，内容につき相手方は確認するものとします。

7　甲及び乙は，本契約を履行するにあたり，再委託先（第34条（再委託）で定義される。）に個人情報の全部又は一部の取扱いを委託する場合，事前に相手方の書面による承諾を得るものとし，本条で定める自己の義務と同等以上の義務を当該再委託先に課すとともに，個人情報の安全管理が図られるよう，当該再委託先に対する必要かつ適切な監督を行うものとします。

8　第3項及び前項にかかわらず，甲及び乙は，法令等に基づき，提供を義務付けられる場合には，義務付けられる範囲に限り第三者に対し個人情報を提供することができるものとします。ただし，当該提供を行うにあたっては，必要最小限の範囲での提供となるよう合理的な努力を行うものとし，事前に（緊急止むを得ない場合には，事後速やかに）相手方に対して当該提供について通知するものとします。

9　甲及び乙は，本契約の履行にあたり必要となる場合を除き，相手方の事前の書面又は電磁的方法による承諾を得ることなく，個人情報を複製してはならないものとします。なお，個人情報の複製物の取扱いは本条に従うものとします。

10　甲及び乙は，個人情報の漏洩等が発生した場合は，直ちに相手方に報告を行い，対応等について相手方と協議するものとします。

11　甲及び乙は，相手方から個人情報を受領した場合，甲乙協議の上定めた方法に従い，個人情報の受領証を相手方に提出するものとします。

12　本契約が終了した場合又は相手方から要請があった場合，甲及び乙は，相手方から提供された個人情報を相手方の要請に応じて甲乙協議の上定めた方法に従い破棄又は消去した上で，当該破棄日又は消去日から起算して30日以内に甲乙協議の上定める確認書を相手方に対して提出するものとします。

13　甲及び乙は，相手方から提供された個人情報の主体（以下「本人」という。）に対して法第27条から第33条で定める個人情報の利用目的の通知，開示，訂正等及び利用停

止等（以下総称して「開示等」という。）を行う権限を有せず，本人から開示等の請求を受けた場合，速やかにその旨を相手方に通知するものとし，当該通知を受けた相手方は本人に対して必要な対応を取らなければならないものとします。

14　甲又は乙は，前項の定めによる必要な対応を行わなかったことにより相手方が本人又は関係する第三者から法第34条で定める裁判上の訴えを提起された場合，自己の責任と費用をもって当該訴えを処理し解決するものとします。

15　甲及び乙は，本条の内容及び安全管理措置その他付随する事項を変更する必要が生じた場合，変更内容，変更範囲，変更に要する費用等を考慮し，その対応について甲乙誠実に協議するものとします。

システム開発基本契約第26条（個人情報保護）の解説をご参照ください。

4.30　責任の範囲

（責任の範囲）

第29条　本契約における乙の責任は，善良なる管理者の注意をもって委託業務を行うことに限られ，乙が善良なる管理者の注意をもって委託業務を行っている限り，委託業務に起因して甲に損害が生じても乙は責任を負わないものとします。

2　乙の善良なる管理者の注意義務違反が判明し，甲が第11条（本件運用業務の実施報告）又は第18条（保守の実施報告）の定めに基づく最後の報告を受けてから●カ月以内に乙にその旨を書面により通知した場合，乙は，自らの裁量により，本契約の再履行をするか又は当該注意義務違反により甲が被った損害を第33条（損害賠償）の定めに従い賠償するものとします。

3　本契約の他の定めにかかわらず，乙が本契約の履行に関して甲に対して負う責任は，債務不履行，不法行為，製造物責任その他請求原因の如何にかかわらず，本条に定めた範囲に限られるものとします。

システム開発委託個別契約書（準委任）第8条（責任の範囲）の解説をご参照ください。

4.31　不可抗力

（不可抗力）
第30条　甲及び乙は，天災地変，戦争，暴動，内乱，テロリズム，重大な疾病，感染症リスク若しくはこれに類するもの，争議行為，法令等の制定若しくは改廃，公共インフラ（輸送機関，通信回線等を含む。）の事故，電力事故，政府機関による命令，仕入先等の製造中止及び操業停止，本件機器又は本件搭載装置に対する第三者による物理的侵害その他自己の責に帰すことのできない事由（以下総称して「不可抗力」という。）による本契約の履行遅滞又は履行不能（金銭債務を除く。）について，相手方に対し本契約上の責任を負わないものとします。なお，本条における不可抗力による本契約の履行遅滞又は履行不能には，甲又は乙の合理的な指示に基づく自宅待機措置等による本契約の履行遅滞又は履行不能を含むものとします。

システム開発基本契約第27条（不可抗力）の解説をご参照ください。

4.32　免責事項

（免責事項）
第31条　乙は，次の事由による本契約の履行遅滞又は履行不能について，甲に対し本契約上の責任を負わないものとします。
　⑴　本契約締結時点において合理的な範囲で把握できなかったコンピュータウイルス，ハッキング，サイバーアタック，第三者による不正アクセス行為その他セキュリティの脆弱性に起因するもの
　⑵　乙の責によらないハードウェア，ソフトウェアの不具合によるもの
　⑶　本契約の履行の際に乙のシステムに接続される又は本件機器若しくは本件搭載装置と接続される甲のシステム，サービス，ネットワークの不具合に起因するもの
　⑷　乙が善良なる管理者としての注意を払ったが予見できなかった設備又はソフトウェアの不具合並びにトランザクションの過度の集中によるシステムダウンに起因するもの
　⑸　電気通信事業者の責に帰すべき故障，アクセス不能，性能の劣化に起因するもの
　⑹　端末機器，周辺機器，その他のソフトウェア及び通信回線等，本件機器又は本件搭載装置に含まれるコンピュータプログラムの稼動環境に含まれる第三者のソフトウェアに起因した，コンピュータプログラムの稼動不良に起因するもの

　システム開発基本契約第29条（免責事項）の解説に追加で運用・保守契約における免責事項について解説いたします。保守業務の一環として，パッチ適用（111頁注4参照）や不正アクセス監視・遮断等の業務をシステムベンダに実施させる場合もあります。その場合は，パッチ適用・監視対象のプログラムに対する脆弱性や脅威の監視や対策を実施しているため，システムベンダ側が一切の責任を負わないとすることでは意味がなくなってしまいます。一方，システムベンダがパッチ適用・監視を実施しているからといって，日々状況が変化するすべての脆弱性や脅威に対する責任を負わせることもまた現実的ではありません。こうしたことを加味する場合，責任範囲の射程を限定するため「合理的な範囲で，把握できなかった部分についてでのみ責任を負う」といった趣旨の規定にすることが一般的で，本条もそのような記載にしています。

4.33　脆弱性診断

（脆弱性診断）
第32条　乙は，その判断により，本件機器又は本件ソフトウェアに接続し，脆弱性を診断するために必要な一切の措置を講じることができるものとします。当該措置を講じるために要した費用は，甲が負担するものとします。

　システムベンダは，システム安定稼働のため，運用・保守を実施している全システムに対するセキュリティ診断の実施を行うことがあります。ユーザとしては安定稼働のための措置は当然好ましいものではあるものの，ユーザへの説明・同意なしに，システムベンダが脆弱性診断を実施した場合には，システムベンダとしては，不正アクセス行為の禁止等に関する法律違反を問われるリスクがある一方，ユーザとしては，システムベンダのセキュリティ診断が，ユーザ自身のセキュリティ監視等に引っかかり，セキュリティ侵害や計画外の行為とみなされたことによる診断対象システムやネットワークの停止を引き起こす等のリスクがあります。本条は，そのような事態が生じないためにも，ユーザからのシステムベンダに対する包括的な承諾を行う規定となります。

4.34　損害賠償

> （損害賠償）
> 第33条　甲又は乙は，相手方の本契約違反により損害を受けた場合に限り，相手方に対
> 　し，損害賠償を請求することができるものとします。
> 2　債務不履行，不当利得，不法行為，製造物責任その他請求原因の如何にかかわらず，
> 　相手方に請求することができる損害賠償は，現実に生じた通常かつ直接の損害に限ら
> 　れ，その他の一切の損害（不可抗力により生じた損害，自己の責に帰すべき事由によ
> 　り生じた損害，予見の有無を問わず特別の事情から生じた損害及び逸失利益を含む。）
> 　は請求することができないものとします。また，損害賠償請求の原因事由（以下「請
> 　求原因事由」という。）が生じた月の属する契約期間において当社が賠償すべき損害の
> 　総額は，第20条（契約金額）第1項(1)アに定める通常委託料に12を乗じた額を累積上
> 　限金額（当該契約期間に生じたその他一切の請求原因事由に基づく損害賠償と合計し
> 　た累積上限金額）とします。

　システム開発基本契約第30条（損害賠償）の解説をご参照ください。

4.35　再委託

> （再委託）
> 第34条　乙は，乙の責任において，委託業務の一部を第三者（甲が指定する再委託先も
> 　含む。）に再委託することができるものとします。（係る第三者を以下「再委託先」と
> 　いい，再委託が数次に渡る場合は，そのすべてを含む。）
> 2　乙は，甲が要請した場合，再委託先の名称及び住所等を甲に報告するものとし，甲
> 　において当該再委託先に再委託することが不適切となる合理的な理由が存する場合，
> 　甲は乙に，書面により，その理由を通知することにより，当該再委託先に対する再委
> 　託の中止を請求することができるものとします。
> 3　前項により，甲から再委託の中止の請求を乙が受けた場合は，実施期間又は契約金
> 　額等の本契約の内容の変更について，甲乙双方の契約締結権限を有する者が記名押印
> 　した書面による合意によってのみ変更することができるものとします。
> 4　乙は，当該再委託先との間で，再委託に係る業務を遂行させることについて，本契
> 　約に基づいて乙が甲に対して負担するのと同等の義務を，再委託先に負わせるものと
> 　します。
> 5　乙は，再委託先の履行について甲の責に帰すべき事由がある場合を除き，自ら業務
> 　を遂行した場合と同等の責任を負うものとします。ただし，甲の指定した再委託先の

　　履行については，乙に故意又は重大な過失がある場合を除き，責任を負わないものと
　　します。

　システム開発基本契約第31条（再委託）の解説をご参照ください。

4.36　権利義務の譲渡等

（権利義務の譲渡等）
第35条　甲及び乙は，あらかじめ相手方の書面による承諾がない限り，本契約上の地位
　　を第三者に承継させ，又は本契約上の権利義務の全部若しくは一部を第三者に譲渡，
　　貸与，担保設定その他の処分をしてはならないものとします。

　システム開発基本契約第32条（権利義務の譲渡等）の解説をご参照ください。

4.37　契約解除

（契約解除）
第36条　甲及び乙は，相手方が次の各号の一に該当した場合に限り，何らの通知催告を
　　要せず，直ちに本契約の全部又は一部を解除することができるものとします。
　　⑴　支払停止又は支払不能となった場合
　　⑵　手形又は小切手が不渡りとなった場合
　　⑶　差押え，仮差押え若しくは仮処分があった場合又は競売の申立があった場合
　　⑷　破産手続開始，会社更生手続開始，民事再生手続開始又は特別清算手続開始の申
　　　立があった場合
　　⑸　解散又は事業の全部若しくは重要な一部を第三者に譲渡しようとした場合
　　⑹　前各号のほか，その他，資産，信用又は支払能力に重大な変更を生じた場合
　　⑺　第35条（権利義務の譲渡等）に違反した場合
　　⑻　第37条（反社会的勢力との関係排除）第1項又は第2項に違反した場合
　2　甲及び乙は，相手方が本契約に違反し，当該違反に関する書面による催告を受領し
　　た後30日以内にこれを是正しない場合は，事前通知を行った上で本契約の全部又は一
　　部を解除することができるものとします。ただし，当該違反が軽微な場合は，本契約
　　の全部又は一部を解除することができないものとします。
　3　前各項の定めにかかわらず，甲は，再使用許諾ソフトウェア以外の第三者ソフトウェ
　　ア，並びに，本件機器及び本件ソフトウェア以外のソフトウェア等に起因する●●●

システムの不具合を理由として，解除権を行使することはできないものとします。

4　甲及び乙は，第１項又は第２項に基づいて相手方から本契約の全部又は一部を解除された場合は，当然に期限の利益を失い，相手方に対して負担する一切の金銭債務を直ちに履行するものとします。

5　本契約の全部又は一部が解除された場合，乙は，当該解除までに乙が履行した委託業務に相当する契約金額及び当該解除により乙が負担することとなる費用（人的資源，物的資源確保に要した費用を含む。以下同じ。）を請求することができ，甲は，乙が定める日までに当該金額及び費用を一括して乙に支払うものとします。ただし，乙が第１項又は第２項に該当したことに基づいて甲が本契約の全部又は一部を解除した場合，甲は支払義務がないものとします。

システム開発基本契約第33条（契約解除）の解説をご参照ください。

4.38　反社会的勢力との関係排除

（反社会的勢力との関係排除）

第37条　甲及び乙は，自己及び自己の役員が，現在，暴力団，暴力団員，暴力団員でなくなった時から５年を経過しない者，暴力団準構成員，暴力団関係企業，総会屋等，社会運動等標ぼうゴロ又は特殊知能暴力集団等，その他これらに準ずる者（以下総称して「暴力団員等」という。）に該当しないこと，及び次の各号のいずれにも該当しないことを表明し，かつ将来にわたっても該当しないことを確約するものとします。

⑴　暴力団員等が経営を支配していると認められる関係を有すること

⑵　暴力団員等が経営に実質的に関与していると認められる関係を有すること

⑶　自己，自社若しくは第三者の不正の利益を図る目的又は第三者に損害を加える目的をもってする等，不当に暴力団員等を利用していると認められる関係を有すること

⑷　暴力団員等に対して資金等を提供し，又は便宜を供与する等の関与をしていると認められる関係を有すること

⑸　役員又は経営に実質的に関与している者が暴力団員等と社会的に非難されるべき関係を有すること

2　甲及び乙は，自ら又は第三者を利用して次の各号の一に該当する行為を行わないことを確約するものとします。

⑴　暴力的な要求行為

⑵　法的な責任を超えた不当な要求行為

⑶　取引に関して，脅迫的な言動をし，又は暴力を用いる行為

⑷　風説を流布し，偽計を用い又は威力を用いて相手方の信用を毀損し，又は相手方の業務を妨害する行為

⑸　その他前各号に準ずる行為

3　第36条（契約解除）第1項第8号で定める事由に該当したことにより，本契約の全部又は一部を解除された者は，自己に損害が生じた場合にも，相手方に何らの請求を行わないものとします。また，当該相手方に損害が生じた場合は，第33条（損害賠償）の定めに従い，その賠償責任を負うものとします。

　システム開発基本契約第34条（反社会的勢力との関係排除）の解説をご参照ください。

4.39　契約期間

（契約期間）
第38条　本契約の契約期間は，●年●月●日から●年●月●日までとし，実施期間は，別紙1，別紙2及び別紙3のとおりとします。ただし，実施期間満了日の3カ月前までに甲又は乙から別段の意思表示がない場合は，本契約の契約期間及び実施期間はそれぞれの期間満了日の翌日からさらに1年間自動的に継続更新されるものとし，以後もまた同様とします。

2　本契約の終了後においても，第27条（機密保持）は本契約の終了後3年間は有効に存続し，第23条（支払遅延損害金），第25条（端数整理），第26条（第三者ソフトウェア），第28条（個人情報保護），第29条（責任の範囲），第30条（不可抗力），第31条（免責事項），第33条（損害賠償），第34条（再委託），第35条（権利義務の譲渡等），第36条（契約解除），第39条（管轄裁判所）及び第40条（準拠法）は，有効に存続するものとします。

　一定期間にわたり，システムベンダがユーザのシステムの保守業務を実施することになるため，当該契約期間について明確にする必要があります。本条で定める契約期間は，保守業務を実施する期間だけでなく，保守業務が終了した後の契約金額の請求や支払時期も考慮したうえの期間を定めるものとしています。なお，保守業務は，一定の契約期間が終了した後も，保守対象のシステムを使用する限り，保守が必要となるため，自動更新する契約になっていることが多いです。

　また，第2項では，本契約が終了した後も効力を有すべきと考えられる条文を列挙しています。システム開発に限らず，両者の認識齟齬を防止するために第2項のような存続条項を定めることは一般的です。

4.40　管轄裁判所

> （管轄裁判所）
> 第39条　本契約に関する一切の紛争については，東京地方裁判所を第一審の専属的合意管轄裁判所とするものとします。

　システム開発基本契約第37条（管轄裁判所）の解説をご参照ください。

4.41　準拠法

> （準拠法）
> 第40条　本契約は日本法に準拠し，同法によって解釈されるものとします。

　システム開発基本契約第38条（準拠法）の解説をご参照ください。

4.42　協議

> （協議）
> 第41条　本契約に定めのない事項その他本契約の条項に関し疑義を生じた場合は，甲乙協議の上円満に解決を図るものとします。

　システム開発基本契約第39条（協議）の解説をご参照ください。

別紙1（第1条，第10条，第20条，第38条関係）

運用業務仕様書

1．本件運用業務の内容

項番	内　　　容
1	●●●業務
1-1	-●●●
1-2	-●●●
2	●●●業務
3	
4	

2．本件運用業務の実施場所：●●●

3．本件運用業務の実施期間：●年●月●日から●年●月●日まで

4．本件運用業務に係る通常委託料の根拠
　・工数：
　・時間：
　・単価：

5．本件運用業務に係る割増料単金：金●●●円/1時間

別紙2（第1条，第12条，第20条，第38条関係）

機器保守仕様書

１．本件機器の保守内容

(1)　通常保守

項番	内　　　容
1	●●●
2	●●●
3	
4	
5	
6	

(2)　特別保守

項番	内　　　容
1	●●●
2	●●●
3	
4	
5	
6	

２．本件機器の明細等：

機　器　名（型　　名）	数　　量
●●●	●

３．本件機器の設置場所：●●●

４．本件機器の保守実施期間：●年●月●日から●年●月●日まで

５．本件機器の保守に係る通常委託料の根拠

  ・工数：

  ・時間：

  ・単価：

６．本件機器の保守に係る特別委託料単金：（金）●●●円/１時間

７．本件機器の保守に係る割増料単金：（金）●●●円/１時間

８．有償交換部品一覧

品　　名（型　　名）	単　　価
●●●	●

別紙3（第1条，第15条，第20条，第38条関係）

ソフトウェア保守仕様書

1．本件ソフトウェアの保守内容

項番	内　　　容
1	●●●
2	●●●
3	
4	
5	
6	

2．本件ソフトウェアの明細等：

ソフトウェア名 （シリアル番号）	搭載装置名（型名） （製造番号）	搭載装置の設置場所

3．本件ソフトウェアの保守実施期間：●年●月●日から●年●月●日まで

4．本件ソフトウェアの保守に係る通常委託料の根拠

　　・工数：

　　・時間：

　　・単価：

5．本件ソフトウェアの保守に係る割増料単金：（金）●●●円／1時間

別紙4（第2条関係）

役割分担表

分類	作業内容			役割分担		
				甲	乙	備考
全般	1		●●●			
		①	●●●	●		
		②	●●●		●	
	2		●●●			
		①	●●●	●		
		②	●●●		●	
	1					
		①				
		②				
	2					
		①				
		②				
	1					
		①				
		②				
	1					
		①				
		②				

索　引

　執筆者紹介

　　株式会社 NTT データ
　　総務部法務室
　　　金子　貴之
　　　是枝　美紀子
　　　三瀬　崇
　　　森岡　隆幸
　　　萩岡　由美子
　　　芦川　幸祐
　　　須江　佑輔
　　　坂口　有紀
　　　河原　春香
　　　松井　駿介
　　　浅野　達哉
　　　竹原　彩美

【編者紹介】

株式会社　NTTデータ

NTTデータは，豊かで調和のとれた社会づくりを目指し，世界50カ国以上でITサービスを提供しています。
デジタル技術を活用したビジネス変革や社会課題の解決に向けて，お客さまとともに未来を見つめ，コンサルティングからシステムづくり，システムの運用に至るまで，さまざまなサービスを提供します。

システム開発を成功させる
IT契約の実務

2021年4月10日　第1版第1刷発行
2022年10月30日　第1版第3刷発行

編　者　㈱ NTT データ
発行者　山　本　　　　継
発行所　㈱ 中　央　経　済　社
発売元　㈱中央経済グループ
　　　　パ ブ リ ッ シ ン グ

〒101-0051　東京都千代田区神田神保町1-31-2
電話 03（3293）3371（編集代表）
　　 03（3293）3381（営業代表）
https://www.chuokeizai.co.jp
印刷／昭和情報プロセス㈱
製本／侑 井 上 製 本 所

ⓒ 2021
Printed in Japan

Q & A

発達障害・うつ・ハラスメントの

労務対応（第2版）

布施直春 ［著］　A5判／344頁

　2019年5月に成立した「女性活躍・ハラスメント規制法」によるパワハラ法制化等を踏まえた、発達障害や精神疾患を抱える従業員への対応と各種ハラスメント対策の決定版！

本書の内容

◎　採用選考時の留意点

◎　過重労働防止対策やストレスチェック

◎　精神疾患発症時の対応

◎　私傷病休職の発令、休職中の取扱い、職場復帰、退職・解雇

◎　労災の認定基準

◎　労災補償給付の内容と手続

中央経済社

業務委託契約書
作成のポイント

淵邊 善彦・近藤 圭介 [編著]　Ａ５判／244頁

　業務委託契約の基本となる製造委託に関する契約書と役務提供委託に関する契約書について解説。委託者と受託者における検討・交渉・修正等のプロセスをわかりやすく説明し、条項パターンを豊富に掲載。

本書の内容

第１章　業務委託契約の法的性質

第２章　業務委託契約における
　　　　法令の適用

第３章　製造委託基本契約の解説

第４章　役務提供型の業務委託契約の
　　　　解説

巻末資料１　製造委託基本契約書
巻末資料２　業務委託契約書

中央経済社

英文契約書の理論と実務

大塚 章男 著

A 5 判・400 頁・ソフトカバー

＊理論面でのバックグラウンドを明らかにしつつ，
　①実務での需要の高い契約類型について，
　②契約書作成に必要十分な条項例を，
　③「理屈」の面から
　深掘りして解説する。

＊近時，注目される「紛争解決条項」について
　契約類型ごとに留意点を解説するなど，実務
　の現在がリアルに体感できる一冊となっている。

本書の構成

中央経済社